能源与电力分析年度报告系列

2012 国际能源与电力价格分析报告

国网能源研究院　编著

中国电力出版社
CHINA ELECTRIC POWER PRESS

内 容 提 要

《国际能源与电力价格分析报告》是能源与电力分析年度报告系列之一。本报告对2006—2011年的国际电力、煤炭、石油、天然气等能源价格水平及变动趋势进行了比较，对电价与其他能源价格比价关系进行了对比分析，对我国2012年的能源价格趋势进行了展望。

本报告可供能源和电力行业从业人员、相关企业价格工作人员、国家相关政策制定者及科研工作人员参考使用。

图书在版编目（CIP）数据

国际能源与电力价格分析报告. 2012/国网能源研究院编著. —北京：中国电力出版社，2012.6

（能源与电力分析年度报告系列）

ISBN 978-7-5123-3279-9

Ⅰ.①国… Ⅱ.①国… Ⅲ.①能源价格—研究报告—世界—2012 ②电价—研究报告—世界—2012 Ⅳ.①F407.205 ②F407.615

中国版本图书馆CIP数据核字（2012）第153434号

中国电力出版社出版、发行

（北京市东城区北京站西街19号 100005 http://www.cepp.sgcc.com.cn）

北京市同江印刷厂印刷

各地新华书店经售

*

2012年7月第一版 2012年7月北京第一次印刷

700毫米×1000毫米 16开本 10.25印张 121千字

印数0001—2000册 定价 **50.00** 元

能源与电力分析年度报告

编　委　会

《国际能源与电力价格分析报告》

编　写　组

组　长　李成仁

副组长　高　效

成　员　段燕群　尤培培　李红军　金　毅　赵　茜　叶　明

郑厚清　王学亮　王琳璘　娄欣轩　钟　玮　李有华

郑雅卓　杨　娜　高　雨　商　瑾

前　言

近年，我国积极稳妥地推进了煤、电、油、气等能源价格改革。在全球能源市场日渐动荡不安的客观环境下，我国能源市场价格改革进入了转折性的关键时期。及时梳理、总结国内外石油、天然气、煤炭等一次能源和电力价格，加强相关比较研究，不仅可为我国能源价格政策制定提供重要的参考依据和借鉴，而且也有助于正确认识能源价格与经济发展之间的内在联系，有助于制定我国能源长期发展战略。

本报告在持续关注国际电力、石油、天然气与煤炭价格水平及变动趋势及比价关系的基础上，增加了两个特色：一是增加了工业电价、居民电价的税费构成分析；二是增加了基于终端能效法及完全成本法的原油、天然气、电力与煤炭的比价分析。

本报告共分为 5 章。第 1 章对原油期货、现货价格及离岸、到岸价格，成品油（汽油、柴油）价格水平[1]及变动趋势进行了分析。第 2 章对北美、亚太、欧洲天然气市场价格、国际工业、居民用天然气价格及液化天然气进口价格水平和变动趋势进行了分析。第 3 章对中国、亚太地区、大西洋地区煤炭市场价格、国际动力煤及发电用煤价格进行了分析。第 4 章对国内外上网电价、输配电价、销售电价水平和变动趋势，以及居民用电与工业用电

[1] 如无特殊说明，本报告中中国的统计数据仅为中国内地的数据。

比价、输配电价与销售电价比价关系进行了分析。第 5 章采用热值法、终端能效法及完全成本法对原油、天然气、电力与煤炭的比价进行了分析。

本报告概述由李成仁主笔，石油价格分析部分由段燕群主笔，天然气价格分析部分由尤培培主笔，煤炭价格分析部分由李红军、叶明主笔，电力价格分析部分由高效主笔，能源比价分析部分由金毅、赵茜主笔，全书由李成仁、高效统稿，郑厚清校核。

在本报告的编写过程中，得到了能源、价格领域多位专家的悉心指导，在此表示衷心感谢！

限于作者水平，虽然对书稿进行了反复研究推敲，但难免仍会存在疏漏与不足之处，恳请读者谅解并批评指正！

编 著 者

2012 年 6 月

目 录

概　述

（一）石油价格

2009年以来，国际油价尽管跌宕起伏，但总体上一直处于震荡上行阶段，反映了全球经济复苏的进程。2011年，虽然全球经济放缓使原油需求增长蒙上了阴影，但利比亚、叙利亚、伊朗等中东及北非国家的紧张局势仍为国际油价上涨提供了持续动力。石油输出国组织（OPEC）供油策略调整、美国原油库存变化、日本强震等突发事件也成为油价短期波动的重要诱因。2011年，全年国际原油价格在75～113美元/桶范围内震荡，平均价格为95美元/桶，比2010年上升了19.5%。

中国石油价格与国际价格比较，成品油不含税价格（汽油，0.68美元/L；柴油，0.70美元/L）及含税价格（汽油，0.98美元/L；柴油，0.97美元/L）均较低；税费比例（汽油，30.7%；柴油，27.93%）与2009年相比有所提高，但与发达国家相比明显较低。近几年，中国石油的国际依存度越来越高，促使成品油价格不断调整，2010—2011年先后进行了七次调整，汽油和柴油出厂价涨幅分别为17.8%和18.2%，成品油价格上调幅度较大，逐步与国际成品油价格水平接近，促进低油耗汽车的发展和节能减排的作用日益明显。

2012年，世界经济形势总体严峻复杂，不稳定性、不确定性上升，石油供需宽松将使投机失去做多的动力，欧洲债务危机等将为做空提供动力，美元对欧元比价呈升降交替走势。在伊朗问题没有进一步恶化的前提下，国际油价总体将低于2011年水平，并维持震荡走势，预计WTI原油均价为90～100美元/桶，布伦特原油均价为95～105美元/桶。

（二）天然气价格

2010年，世界天然气总产量增长7.3%，涨幅为1984年以来的最高，我国天然气产量增长117亿m^3；世界天然气消费量快速回升并大幅增长；全球天然气贸易量较2009年增长10.1%，增长强劲。近五年，世界天然气总产量稳步增长（年均增幅2.6%），我国天然气消费量年均增长（18.1%）在国际上最快，全球天然气贸易稳中有增。

2010年，北美页岩气产量的继续攀升使其天然气价格仍然疲软，美国进口天然气价格受天然气储气能力、天气和季节性因素、管道天然气供需形势、非常规天然气开发政策等的影响，进口管道天然气价格水平呈稳步下行趋势，而进口液化天然气（LNG）价格全年波动较大。日本进口LNG价格受到地震灾害的影响，除5—6月出现明显下降外，全年保持强劲的上升态势。欧洲进口天然气价格呈现稳步上升态势。

2006—2010年，国际上工业用天然气价格变化趋势地区间差异较大，以加拿大和美国为代表的北美天然气市场工业用天然气价格呈现逐年下降趋势，而亚太地区和欧洲市场天然气价格呈现逐年上涨趋势。除加拿大、美国和墨西哥外，大部分国家和地区居民用天然气价格呈现上涨趋势。我国工业、民用天然气价格增长相对较慢，价格水平［工业，433美元/(10^7kcal)；居民，387美元/(10^7kcal)］在国际上处于中等偏下的位置。

2010年，进口LNG价格受国际油价、市场供求关系、气候变化及LNG储备情况的影响，除葡萄牙、韩国和英国外，各国进口LNG价格均呈现大幅上涨趋势，其中我国进口LNG价格（6.22美元/

MBtu）涨幅最大，同比增长 41%，在国际上处于中等水平。

2012 年，预计全球天然气价格仍将保持总体震荡上行态势，主要上行的地区预计集中在与油价挂钩定价开展贸易的地区，如欧洲大陆和亚太地区；北美天然气价格大幅上行的可能性不大，下半年趋于稳定的可能性较大。我国将发布天然气定价机制改革方案，改革试点城市有望扩大，天然气管道运输到各省的门站价格也有望放开，天然气将进入“量价齐升”的局面。

（三）煤炭价格

2010 年，全球煤炭供需基本平衡，我国煤炭消费量和产量均居世界各国之首。欧洲地区国家受金融危机影响，经济复苏缓慢，煤炭市场需求低迷，价格走势回落，全球煤炭贸易重心从传统的欧洲市场继续向亚太市场转移。

2011 年，我国进口煤炭 18 240 万 t，成为世界第一大煤炭进口国，全年维持净进口格局。国际煤炭市场，亚太地区煤炭价格受国际石油等大宗商品价格波动、日本发生大地震和海啸等影响，走势下降；大西洋地区煤炭市场价格受欧债危机加剧和欧美实体经济发展下滑等影响，呈明显下降趋势；国内煤炭市场供需大体平衡，受需求增长及相关政策等影响，市场煤价整体略有上涨。

2011 年，我国秦皇岛动力煤价格的上升走势与澳大利亚 BJ 动力煤价格的下降走势形成鲜明对比。1 月，秦皇岛动力煤价格低于澳大利亚 BJ 动力煤价格，价差达 129.5 元/t 左右；12 月，秦皇岛动力煤价格反超澳大利亚 BJ 动力煤价格，价差达 75.0 元/t 左右。

从发电用煤和动力煤价格水平看，2010 年，欧洲德国、奥地利、芬兰等国家和东亚中国（108.5 美元/t）、日本处于较高水平，而中亚哈萨克斯坦、土耳其，印度、俄罗斯及美洲美国、墨西哥等价格水平相对较低。2006－2010 年，国内外电煤价格基本呈上升趋势，英国、中国（12.6%）、土耳其、意大利、墨西哥、波兰、比利时等国家，年均增速在10%以上；葡萄牙、德国、法国、美国、芬兰、爱尔兰、奥地利等国家，增速低于10%。

2012年，预计国际煤价将呈下降走势；国内煤炭供需将保持基本平衡和宽松的格局，并受2011年限价政策影响，煤炭价格将高位震荡，总体呈下行态势。

（四）电力价格

2010年，欧美多数国家电力生产量与消费量上升，我国保持较高增速。我国平均上网电价水平［0.056美元/(kW·h)］，与美国、澳大利亚、韩国、法国等国家发电市场批发价［0.025～0.077美元/(kW·h)］平均水平相比较高；我国燃煤机组标杆电价［0.037～0.078美元/(kW·h)］，与美国、日本、俄罗斯等国家的燃煤机组上网电价［均超过0.08美元/(kW·h)］相比较低。2006－2010年，韩国上网电价增长较快，年均增长8.1%；北欧国家、中国增速相近，为2%～4%；美国、澳大利亚电价呈负增长。

2010年，中国的输配电价［0.024美元/(kW·h)］低于美国［0.035美元/(kW·h)］。2006－2010年，美国、墨西哥的输配电价自2007年后逐年上涨；中国输配电价水平自2009年下降后，2010年略有回升。

2010年，美国、墨西哥、中国、新西兰、韩国平均销售电价比较，新西兰［0.122美元/(kW·h)］最高，中国［0.084美元/(kW·h)］居中，韩国［0.075美元/(kW·h)］最低；部分国家（地区）工业电价水平为0.046～0.258美元/(kW·h)，其中税价占比为1%～23%，居民电价为0.056～0.356美元/(kW·h)，其中税价占比为4.8%～56.1%，中国的工业、居民电价分别为0.091、0.070美元/(kW·h)，均处于较低水平，税价占比也处于中等偏低水平。欧洲大部分国家，居民电价的税费比重明显高于工业电价，甚至部分国家工业电价不收增值税。2006—2010 年，国际工业电价年均增长率为-4.1%～22.3%，中国为 4.6%；国际居民电价年均增长率为-5.1%～16.1%，中国为 1.0%。中国的工业电价和居民电价增速都较慢。

2010 年，多数国家（地区）的居民电价与工业电价比价基本大于 1，平均约为 1.57，但我国销售电价结构不合理，居民电价低于工业电价，工业用户对居民用户的交叉补贴非常显著。输配电价占销售电价的比重，我国为 28%，低于美国（36%）、新西兰（43%）等国家。2006—2010 年，世界各国居民用电与工业用电电价比价基本稳定，波动不大。

2011 年，我国政府先后三次上调上网电价、一次上调销售电价，对改善燃煤机组的经营状况发挥了重要作用，同时也解决了输配电价中的一些问题，有力地疏导了电价矛盾。2012 年，从调价翘尾因素考虑，我国上网电价及销售电价均价将较 2011 年有一定幅度的提高。

（五）能源比价

我国油、气、电与煤的比价都远低于国际平均水平，尤其是国际上的典型市场化国家，如美国。

采用热值比价法，我国工业用天然气、工业用电和煤的比价都低于国际平均水平，居民用天然气、居民用电与煤的比价和国际平均水平的差距更大。

基于终端等效的能源比价中，由于工业电力锅炉的热效率高于燃油、燃气和燃煤锅炉，因此相对于热值比价法，工业电价相对于其他能源的比价有所上升，其他能源之间的比价则保持不变。由于居民燃煤热水器的热效率远低于燃油、燃气和电力热水器，因此相对于热值比价法，基于居民终端等效的各类能源对煤炭的比价都有不同程度的上升，电力与煤炭的比价增长幅度最大。

基于完全成本的能源比价中，在其他条件相同的情况下，油、气、电与煤的比价均有所上涨。煤炭近年利润偏高，合理价格应适当下调，尽管油、气价格没有调整，但随着煤价的下调，油、气相对煤炭价格的比价略有提高；而电力行业近年利润水平偏低，合理价格需要上调，电、煤的相对比价上涨的幅度较大。

参考国际能源比价关系，预计终端用能比价情况，我国能源比价合理范围可考虑：油与煤炭比价为 4.7～5.1；气与煤炭综合比价为 3.2～4.1，工业用户比价为 2.2～2.8，居民用户比价为 4.4～6.4；电力与煤炭综合比价为 9.6～10.9，工业用户比价为 5.9～8.0，居民用户比价为 10.6～18.3。

1 石油价格分析

1.1 石油的生产与消费

1.1.1 世界及主要国家石油生产量

2010年，世界石油总生产量为82 095千桶/d，与2009年相比，增加1817千桶/d，增幅为2.2%。俄罗斯和沙特阿拉伯的石油生产量占世界总生产量比例较高，分别为12.9%和12.1%；中国石油生产量占世界总生产量的比例为4.9%，位居世界第五。2010年世界石油总生产量见表1-1，2010年主要产油国家石油生产量占世界总生产量的比例如图1-1所示。

表1-1　世界及主要国家石油生产量　千桶/d

国家	2006年	2007年	2008年	2009年	2010年	年均增长率（%）	2010年同比增长（%）
世界总计	81 729	81 544	82 016	80 278	82 095	0.11	2.2
俄罗斯	9769	9978	9888	10 035	10 270	1.3	2.2
沙特阿拉伯	10 853	10 449	10 846	9893	10 007	-2.0	0.7
美国	6841	6847	6734	7271	7513	2.4	3.2
伊朗	4283	4322	4327	4199	4245	-0.2	0.9
中国	3705	3737	3809	3800	4071	2.4	7.1
加拿大	3208	3297	3251	3224	3336	1.0	4.3
墨西哥	3683	3471	3167	2979	2958	-5.3	-0.8
阿联酋	3149	3053	3088	2750	2849	-2.5	3.5

续表

国家	2006年	2007年	2008年	2009年	2010年	年均增长率（%）	2010年同比增长（%）
委内瑞拉	2808	2613	2558	2438	2471	-3.1	1.4
科威特	2690	2636	2782	2489	2508	-1.7	0.6
伊拉克	1999	2143	2428	2442	2460	5.3	0.6
巴西	1809	1833	1899	2029	2137	4.3	5.3
尼日利亚	2420	2305	2113	2061	2402	-0.2	16.2
安哥拉	1421	1684	1875	1784	1851	6.8	3.8

资料来源：《BP世界能源统计2011》。

注 包括原油、页岩油、油砂和液态天然气（从天然气中单独萃取的液体），不包括其他来源（例如生物质能和煤的衍生物）的液化燃料。

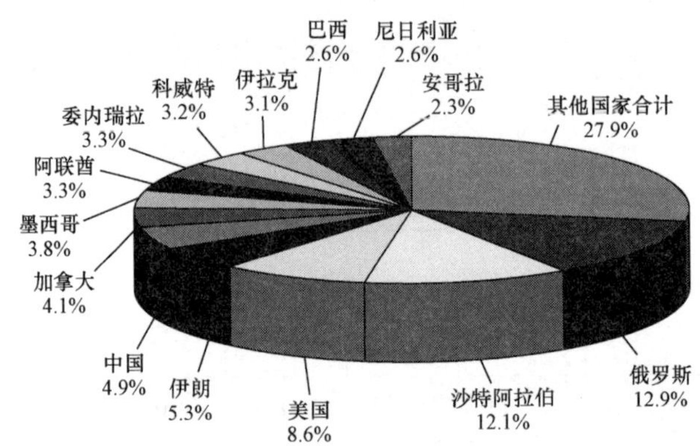

图1-1 2010年主要产油国家石油生产量占世界总生产量的比例

2006—2010年，世界石油总生产量基本处于稳步上升态势，年均增幅为0.1%。在世界主要产油国家中，有半数左右的国家石油生产量呈上升趋势，年均增长最快的国家是安哥拉，达6.8%；另约半数的国家呈下降趋势，年均降幅较大的是墨西哥，为5.3%。中国石油生产量呈缓慢上升趋势，年均增长率为2.4%，2010年同比增长较快，增幅为7.1%。2006—2010年主要国家石油生产量和变化趋势如

表 1-1 和图 1-2 所示。

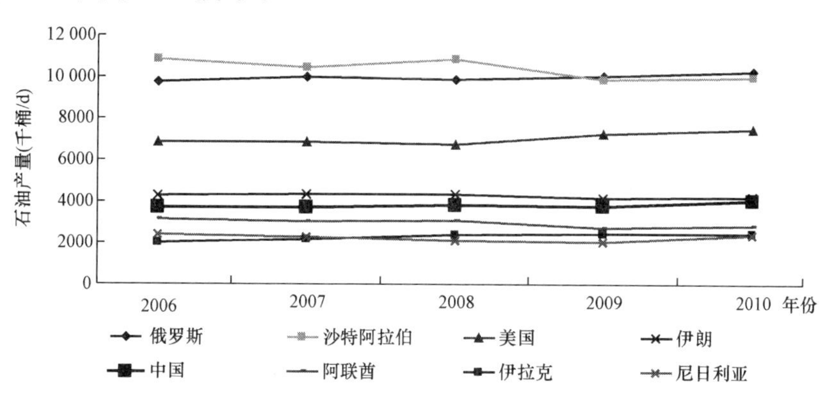

图 1-2 2006—2010 年主要国家石油生产量变化趋势

1.1.2 世界及主要国家石油消费量

2010 年，世界石油总消费量为 87 382 千桶/d，与 2009 年相比，增加 2668 千桶/d，增幅为 3.1%。石油消费量占世界总消费量比例最高的国家是美国，达 21.1%；中国的石油消费量占世界总消费量的比例为 10.6%，仅次于美国，位居第二。2010 年世界石油总消费量见表 1-2，2010 年主要国家石油消费量占世界总消费量的比例如图 1-3 所示。

表 1-2 世界及主要国家石油消费量 千桶/d

国家	2006 年	2007 年	2008 年	2009 年	2010 年	年均增长率(%)	2010 年同比增长(%)
世界合计	84 958	86 428	85 999	84 714	87 382	0.5	3.1
美国	20 687	20 680	19 498	18 771	19 148	-2.2	2.0
中国	7437	7817	7937	8201	9057	5.1	10.4
日本	5203	5029	4836	4391	4451	-4.1	1.4
印度	2571	2835	3068	3211	3319	6.6	3.4
俄罗斯	2893	2913	3036	2936	3199	2.1	9.0

续表

国家	2006年	2007年	2008年	2009年	2010年	年均增长率（%）	2010年同比增长（%）
沙特阿拉伯	2074	2200	2387	2624	2812	8.0	7.2
巴西	2094	2234	2382	2399	2604	5.3	8.5
德国	2609	2380	2502	2409	2441	－1.8	1.3
韩国	2317	2389	2287	2326	2384	0.3	2.5
加拿大	2246	2323	2288	2179	2276	0.4	4.5
墨西哥	2021	2070	2055	1996	1994	－0.7	－0.1
伊朗	1728	1718	1822	1787	1799	1.1	0.7
西班牙	1608	1629	1587	1525	1505	－1.7	－1.3
英国	1788	1716	1683	1610	1590	－2.7	－1.2
意大利	1791	1740	1661	1563	1532	－4.2	－2.0

资料来源：《BP世界能源统计2011》。

注 国内需求含国际航空、海运及炼油厂燃料和损失，还包括燃料乙醇和生物柴油的消费。

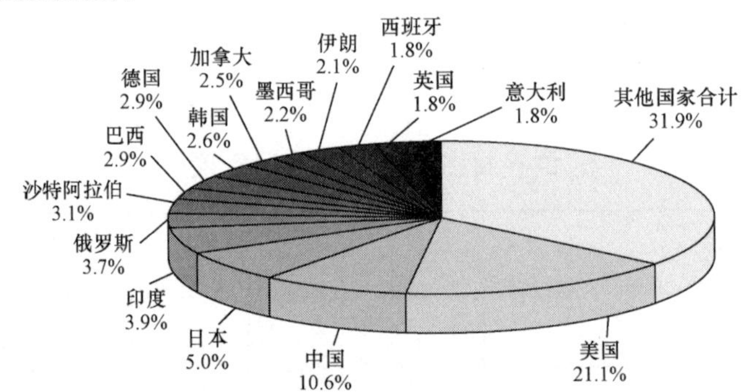

图1-3 2010年主要国家石油消费量占世界总消费量的比例

2006—2010年，世界石油总消费量总体呈上升趋势，年均增长0.5%，其中，2008、2009年有所下降，2010年有所上升。世界有一半左右的国家石油消费量逐年上升，年均增长最快的国家是沙特阿拉伯，达8.0%，另约半数的国家（主要是西方国家）在下降，年均降幅较大的是意大利，为4.2%。中国石油消费量逐年增长，年均增长率为5.1%，处于较高增长水平。2006—2010年主要国家石油消费量和变化趋势如表1-2和图1-4所示。

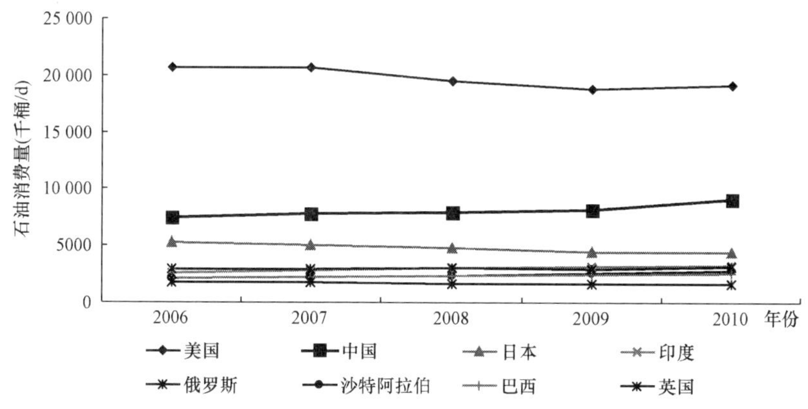

图1-4 2006—2010年主要国家石油消费量变化趋势

1.1.3 世界及主要国家石油贸易量

2010年，世界石油贸易量为53 510千桶/d，与2009年比，增加1177千桶/d，增幅为2.2%。石油进口量占世界总进口量比例最高的国家是美国，为21.9%；中国石油进口量占世界总进口量的比例为11.1%，仅次于美国，位居第二，具体见表1-3和图1-5。石油出口量占世界总出口量比例最高的地区是中东，为35.3%；中国石油出口量占世界总出口量的比例仅为1.2%，具体见表1-4和图1-6。

表1-3 世界及主要国家（地区）石油进口量 千桶/d

国家（地区）	2006年	2007年	2008年	2009年	2010年	年均增长率（%）	2010年同比增长（%）
世界合计	52 561	55 554	54 626	52 333	53 510	0.4	2.2
欧洲	13 461	13 953	13 751	13 483	12 094	−2.6	−10.3
美国	13 612	13 632	12 872	11 453	11 689	−3.7	2.1

续表

国家（地区）	2006年	2007年	2008年	2009年	2010年	年均增长率（%）	2010年同比增长（%）
中国	3887	4111	4393	5127	5963	11.3	16.3
日本	5201	5032	4925	4263	4567	-3.2	6.6
中南美洲	1177	1620	1473	1366	1605	8.1	17.5
澳大拉西亚	795	830	889	817	878	2.5	7.5
加拿大	1130	1354	981	1105	846	-7.0	-23.4
墨西哥	421	451	541	448	636	10.9	41.9

资料来源：《BP世界能源统计2007》～《BP世界能源统计2011》。

注 包括在途石油数量变化、未予另外说明的石油动向、未经确认的军事用油等。

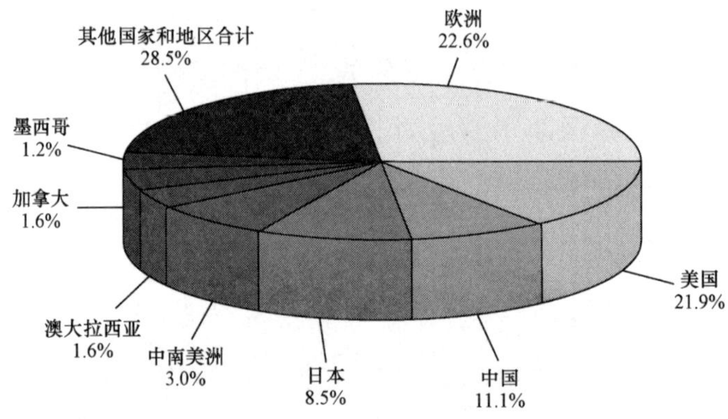

图1-5 2010年主要国家（地区）石油进口量占世界总进口量的比例

表1-4 世界及主要国家（地区）石油出口量 千桶/d

国家（地区）	2006年	2007年	2008年	2009年	2010年	年均增长率（%）	2010年同比增长（%）
世界合计	52 561	55 554	54 626	52 333	53 510	0.4	2.2
中东	20 204	19 680	20 128	18 409	18 883	-1.7	2.6

续表

国家（地区）	2006年	2007年	2008年	2009年	2010年	年均增长率（%）	2010年同比增长（%）
苏联	7155	8334	8184	7972	8544	4.5	7.2
西非	4704	4830	4587	4364	4601	−0.6	5.4
中南美洲	3681	3570	3616	3748	3568	−0.8	−4.8
北非	3225	3336	3260	2938	2871	−2.9	−2.3
加拿大	2330	2457	2498	2518	2599	2.8	3.2
美国	1129	1317	1439	1967	2154	17.5	9.5
欧洲	2173	2273	2023	2034	1888	−3.5	−7.2
中国	477	399	388	709	656	8.3	−7.4

资料来源：《BP世界能源统计2007》～《BP世界能源统计2011》。

注 包括在途石油数量变化、未予另外说明的石油动向、未经确认的军事用油等，不包括船舶燃油，也不包括区域内流向，例如欧洲各国之间的流向。

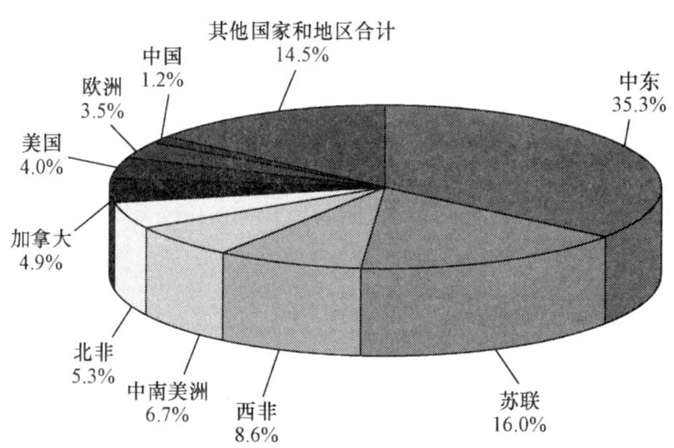

图1-6 2010年主要国家（地区）石油出口量占世界总出口量的比例

2006—2011年，世界石油贸易量逐年总体呈上升态势，年均增长0.4%，其中，2008、2009年有所下降，2010年有所上升。世界上只有少部分国家（地区）的石油进口量逐年上升，年均增长最快的是中国，年均增长率为 11.3%。半数国家（地区）石油出口量逐年上升，年均增长最快的是美国，为 17.5%。2006—2008 年，中国石油出口量总体呈下降趋势，2009 年上升较大，2010 年有所下降，2006—2010 年平均增长率为 8.3%。2006—2010 年主要国家（地区）石油进口量及变化趋势如表 1-3 和图 1-7 所示，2006—2010 年主要国家（地区）石油出口量及变化趋势如表 1-4 和图 1-8 所示。

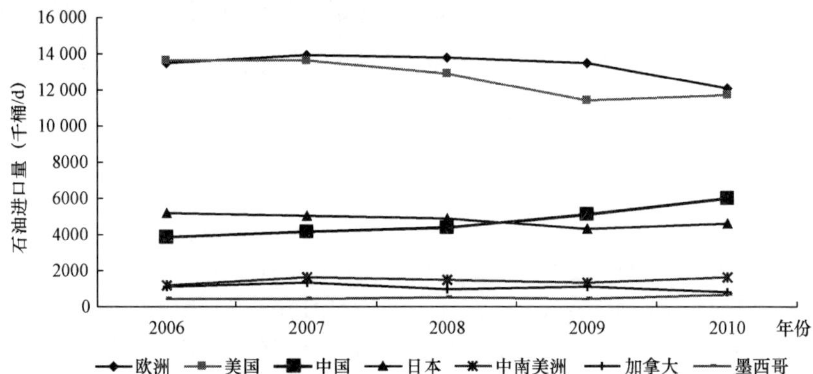

图 1-7 2006—2010 年主要国家（地区）石油进口量变化趋势

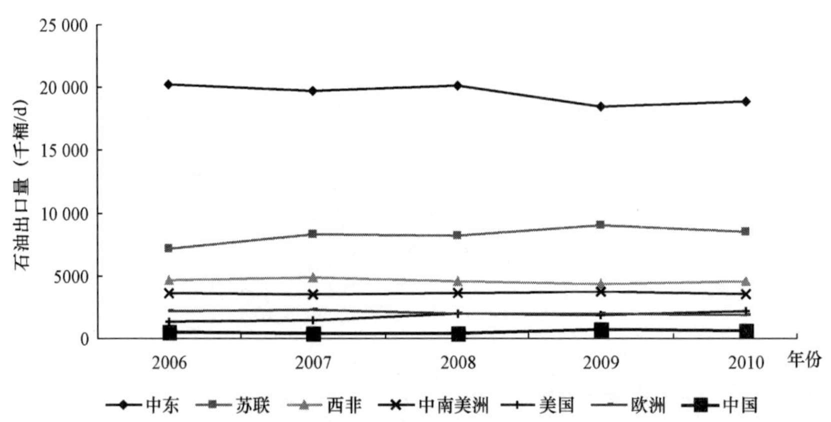

图 1-8 2006—2010 年主要国家（地区）石油出口量变化趋势

世界主要石油进口国石油对外依存度如表 1-5 所示。2006—2008

年世界三大石油进口国石油对外依存度逐年上升，日本最高，接近100%。2009年，美国、日本石油对外依存度有所下降，2010年有所上升；中国石油对外依存度继续上升，2010年已达到65%左右。

表1-5 世界主要石油进口国石油对外依存度 %

国家	2006年	2007年	2008年	2009年	2010年
美国	65.8	65.9	66.0	61.0	61.0
日本	99.9	100.1	101.8	97.1	102.6
中国	52.3	52.6	55.3	62.5	65.8

注 表中数据是根据表1-2及表1-3数据计算得出的。

1.2 原油价格分析

1.2.1 原油期货价格

在世界原油交易体系中，纽约商业交易所（NYMEX）的西得克萨斯中质原油（WTI）期货价格是国际原油市场的标杆价格。2006—2011年WTI期货价格及变化趋势如表1-6和图1-9所示。

表1-6 2006—2011年纽约商业交易所（WTI）期货价格 美元/桶

项目	2006年	2007年	2008年	2009年	2010年	2011年	年均增长率（%）
价格（美元/桶）	66.25	72.41	99.75	62.09	79.61	95.11	7.5
增长率（%）	16.8	9.3	37.8	-37.8	28.2	19.5	

资料来源：http：//www.eia.doe.gov，EIA。

2006—2011年，WTI期货价格跌宕起伏，年均增长率为7.5%，其中2006—2008年逐年上升，2008年平均价格达到最高值99.75美元/桶；2009年下降37.8%，平均价格为62.09美元/桶；2010年开

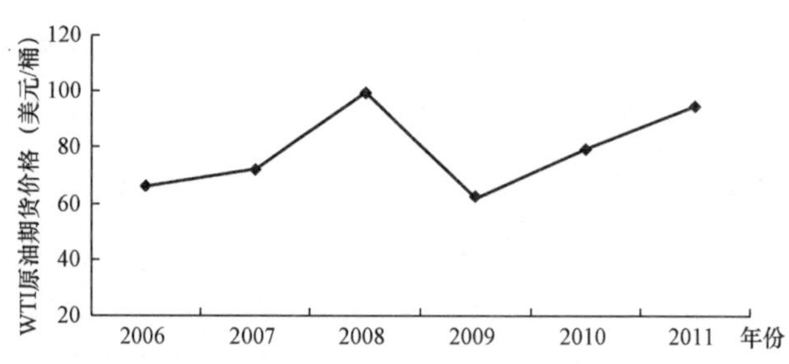

图 1-9 2006—2011 年 WTI 期货价格变化趋势

始上升；2011 年平均价格达到 95.11 美元/桶，增长幅度为 19.5%。

2010 年，受新兴国家石油需求旺盛、全球资本流动性过剩、美元贬值等因素的影响，国际油价呈反弹震荡上行的总体态势。年初，受欧美地区冬季燃油消费刺激，油价突破 80 美元/桶。5 月，希腊债务危机引发欧洲债务危机集中爆发，油价持续低位徘徊，5—9 月油价月均值维持在 73～76 美元/桶之间窄幅波动。10 月，受原油需求的乐观预期、美元疲软及美国经济数据持续好转等因素的支撑，国际油价开始恢复性上涨，10—12 月油价月均值均突破 80 美元/桶，并在年末一度突破 90 美元/桶的关口。

2011 年，在地区局势紧张动荡与全球经济不确定性较大的驱动下，国际油价继续呈现震荡回升态势，全年平均水平大幅提高。年初，受北非和中东局势动荡、日本大地震、欧洲债务危机未决、美元量化宽松等多重因素影响，国际原油价格持续上演“过山车”行情。前四个月，国际油价一路飙升，4 月再度刷新金融危机以来的最高收盘价；5 月，受美元走强和欧美经济数据疲软及美国原油汽油库存大增等多重利空的影响，国际油价开始有所下滑；6—10 月，在全球经济复苏持续放缓、欧洲债务危机阴霾不散等影响下，国际油价处于整体震荡下滑态势；进入 10 月，伊朗等地的紧张局势促使国际油价再度上扬，并呈现剧烈震荡格局。WTI 期货价格收盘价最高曾达

113.93 美元/桶，最低探至 75.67 美元/桶，高低点价差达 38.26 美元/桶。2011 年国际原油价格保持在 75～113 美元/桶的范围内振荡，平均价格为 95 美元/桶左右。2010 年 1 月—2011 年 12 月 WTI 期货价格变化趋势如图 1-10 所示。

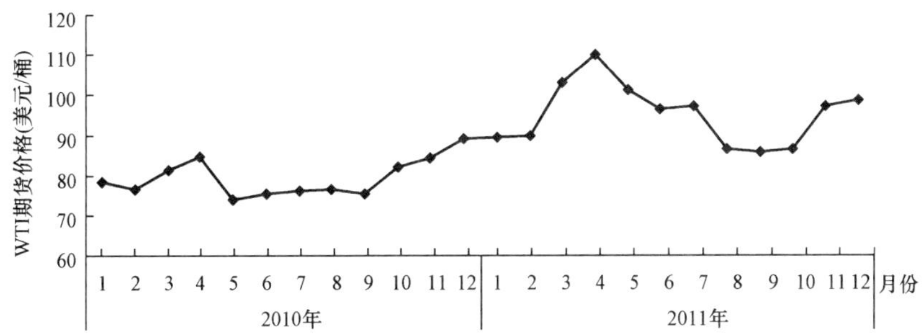

图 1-10 2010 年 1 月—2011 年 12 月 WTI 期货价格变化趋势

1.2.2 国际原油现货价格

2006—2010 年国际原油现货价格及变化趋势如表 1-7 和图 1-11 所示。

表 1-7 2006—2010 年国际原油现货价格 美元/桶

国际原油	2006 年	2007 年	2008 年	2009 年	2010 年	年均增长率（%）	2010 年同比增长（%）
迪拜原油	61.50	68.19	94.34	61.39	78.06	6.1	27.2
布伦特原油	65.14	72.39	97.26	61.67	79.50	5.1	28.9
尼日利亚福卡多斯原油	67.07	74.48	101.43	63.35	81.05	4.8	27.9
西得克萨斯中质原油	66.02	72.20	100.06	61.92	79.45	4.7	28.3

资料来源：《BP 世界能源统计 2011》。

2006—2008 年国际原油现货价格逐年上升，2009 年下降，2010 年开始上升，迪拜、布伦特、尼日利亚福卡多斯及西得克萨斯中质原

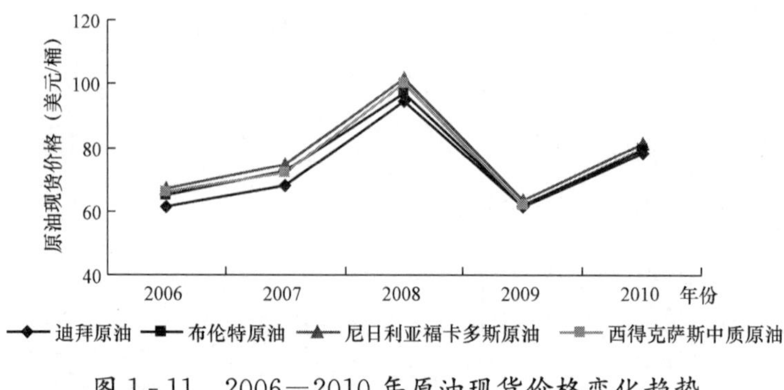

图 1-11 2006—2010 年原油现货价格变化趋势

油现货价格年均增长率在 4.7%～6.1%的范围内。2010 年同比增长较快，升幅在 27.2%～28.9%的范围内。

1.2.3 国际原油离岸价格

2010 年，国际原油现货离岸价格最高的国家是马来西亚，达到 82.61 美元/桶，最低的是厄瓜多尔，为 72.80 美元/桶；中国原油现货离岸价格为 78.36 美元/桶，与国际水平相当。2010 年部分国家（地区）原油现货离岸价格及比较如表 1-8 和图 1-12 所示。

表 1-8 2006—2010 年部分国家（地区）原油现货离岸（FOB）价格 美元/桶

国家（地区）	2006 年	2007 年	2008 年	2009 年	2010 年	年均增长率（%）
所有国家	60.32	69.12	90.78	60.06	77.68	6.5
美国	58.41	66.22	88.53	58.42	75.72	6.7
OPEC 国家平均	61.38	69.54	95.71	60.32	78.22	6.3
迪拜	53.91	68.13	94.34	60.11	78.02	9.7
厄瓜多尔	53.91	61.41	85.72	55.00	72.80	7.8
沙特阿拉伯	57.97	66.71	92.09	57.80	76.51	7.2
伊拉克	60.06	68.02	95.27	60.65	78.26	6.8
伊朗	59.11	67.53	92.88	59.80	76.92	6.8

续表

国家（地区）	2006年	2007年	2008年	2009年	2010年	年均增长率（%）
委内瑞拉①	60.19	67.40	95.69	60.22	77.87	6.7
科威特	59.34	66.35	91.56	60.28	76.44	6.6
安哥拉	62.07	69.52	94.88	60.66	79.08	6.3
利比亚	63.49	71.38	97.09	61.32	79.17	5.7
阿尔及利亚	66.12	74.11	95.77	60.37	80.39	5.0
卡塔尔	65.38	72.05	98.56	62.06	79.29	4.9
尼日利亚	67.03	74.62	101.78	63.02	81.25	4.9
阿联酋	66.02	72.68	99.54	63.07	79.85	4.9
欧洲费卡多斯	67.05	74.36	102.01	62.66	80.99	4.8
非OPEC国家平均	59.58	68.62	95.52	59.73	76.95	6.6
墨西哥	59.86	67.33	95.58	60.11	77.76	6.8
埃及	58.72	66.70	92.28	57.64	75.36	6.4
地中海俄罗斯	60.97	69.10	95.08	60.18	78.11	6.4
哥伦比亚	62.70	69.50	99.14	63.66	79.69	6.2
喀麦隆	62.28	70.35	95.30	59.98	79.01	6.1
印度尼西亚	65.18	73.36	101.23	64.11	82.18	6.0
阿曼	62.56	68.66	94.99	61.33	78.26	5.8
中国	63.33	71.24	96.96	59.16	78.36	5.5
挪威	65.29	73.12	100.02	61.93	80.46	5.4
欧洲布伦特	65.20	72.41	98.98	60.93	79.87	5.2
澳大利亚	67.95	75.47	101.92	62.99	81.62	4.7
马来西亚	70.02	77.67	105.11	64.30	82.61	4.2
加拿大	64.34	71.41	98.87	57.86	75.22	4.0

资料来源：http：//www.eia.doe.gov，EIA。

注 每年数据为当年每周平均值。

① 委内瑞拉的数据为轻油。

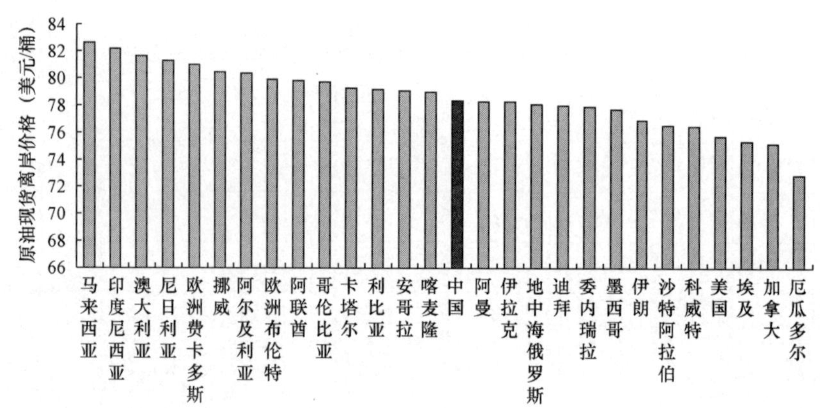

图 1-12　2010 年部分国家（地区）原油现货离岸价格比较

2006—2008 年国际原油现货离岸价格逐年上升，2009 年下降，2010 年开始上升。2006—2010 年年均增长率为 6.5%，OPEC 国家和非 OPEC 国家年均增长率分别为 6.3%和 6.6%。2008—2010 年国际原油现货离岸价格起伏较大：2009 年较 2008 年跌幅较大，在 33.8%～41.5%的范围内，2010 年较 2009 年涨幅在 25.2%～33.1%的范围内，具体如表 1-8 和图 1-13 所示。

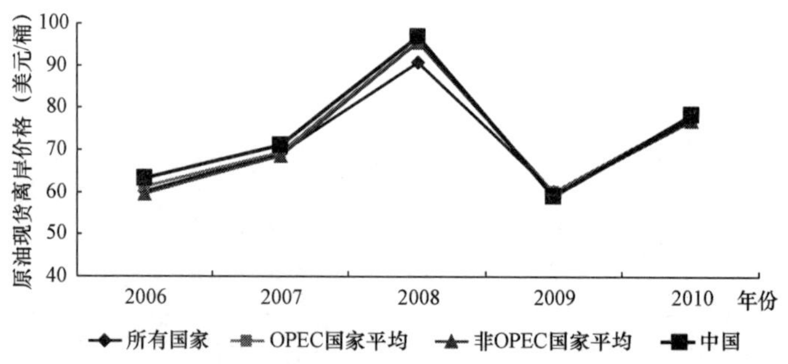

图 1-13　2006—2010 年原油现货离岸价格变化趋势

1.2.4　原油到岸价格

2010 年，各国原油进口到岸价格为 80 美元/桶左右，中国原油进口到岸价格为 76.84 美元/桶，与世界其他国家基本相当。2010 年部分国家原油进口到岸（CIF）价格及比较如表 1-9 和图 1-14 所示。

表 1-9 2006—2010 年部分国家原油进口到岸（CIF）价格 本币元/桶

国家（地区）	2006 年	2007 年	2008 年	2009 年	2010 年	年均增长率（%）	2010 年同比增长（%）
韩国	59 805	65 039	108 019	77 928	90 922	11.0	16.7
英国	35.30	36.90	56.03	39.99	52.23	10.3	30.6
美国	59.15	66.77	94.97	58.82	76.02	6.5	29.2
比利时	48.66	51.36	65.67	44.47	60.14	5.4	35.2
瑞典	460.81	473.94	627.31	463.62	568.96	5.4	22.7
希腊	48.59	51.05	64.02	43.27	59.62	5.2	37.8
荷兰	48.99	50.18	66.96	43.59	59.31	4.9	36.1
西班牙	48.61	50.12	64.88	43.04	58.77	4.9	36.5
意大利	49.81	51.25	66.12	43.70	59.86	4.7	37.0
法国	50.76	52.72	66.77	44.38	60.23	4.4	35.7
奥地利	51.36	52.46	70.49	43.70	60.40	4.1	38.2
德国	50.44	52.27	66.14	44.05	59.26	4.1	34.5
新西兰	99.37	97.80	146.85	97.10	111.04	2.8	14.45
加拿大	72.95	75.22	108.31	68.79	81.51	2.8	18.5
中国	496.25	506.18	683.68	406.99	523.03	1.3	28.5
澳大利亚	88.59	92.17	129.18	80.95	90.03	0.4	10.8
日本	7453	8257	10 441	5737	6971	−1.7	21.5

资料来源：1. 国外数据来源于《ENERGY PRICE & TAXES, 2nd Quarter 2011》，IEA。

2. 中国数据来源于《中国统计年鉴 2007 年》～《中国统计年鉴 2011 年》。

3. 汇率来源于《ENERGY PRICE & TAXES, 2nd Quarter 2011》，IEA。

注 中国数据根据每年进口量和进口额计算。

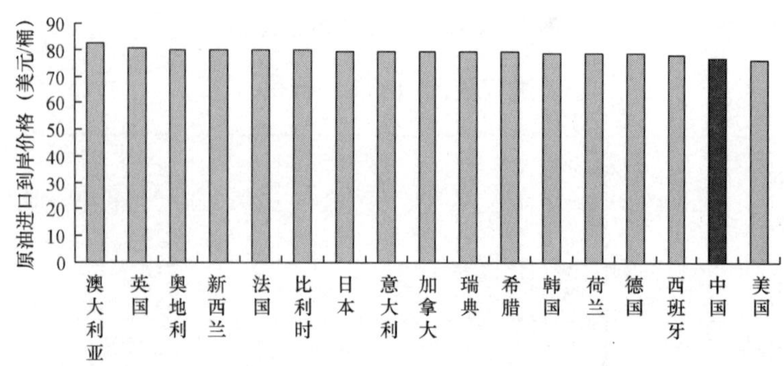

图 1-14 2010 年部分国家原油进口到岸价格比较

2006—2008 年，各国原油进口到岸价格逐年上涨，2009 年下降，2010 年开始上升。2006—2010 年间年均增长率在 0.4%～11.0%的范围内，2010 年同比增长速度较快，上升幅度在 10.8%～38.2%的范围内。2006—2010 年部分国家原油进口到岸价格及变化趋势如表 1-9和图 1-15 所示。

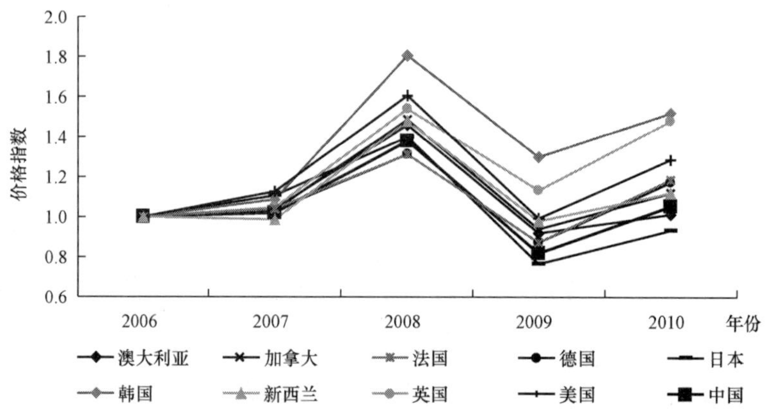

图 1-15 2006—2010 年部分国家原油进口到岸价格变化趋势

1.3 成品油价格分析

1.3.1 中国成品油价格

2006—2011 年我国成品油价格（含税，下同）逐年呈上升趋势。

汽油和柴油出厂价格年均增长率分别为 11.4%和 13.0%，其中，2011 年汽油和柴油出厂价格分别增长了 18.4%和 18.7%。2006—2011 年我国成品油平均价格及变化趋势如表 1-10 和图 1-16 所示。

表 1-10 2006—2011 年我国成品油平均价格（出厂价） 元/t

成品油	2006 年	2007 年	2008 年	2009 年	2010 年	2011 年	年均增长率（%）
汽油	4860	5072	5979	6226	7037	8329	11.4
柴油	4081	4653	5562	5513	6321	7056	13.0

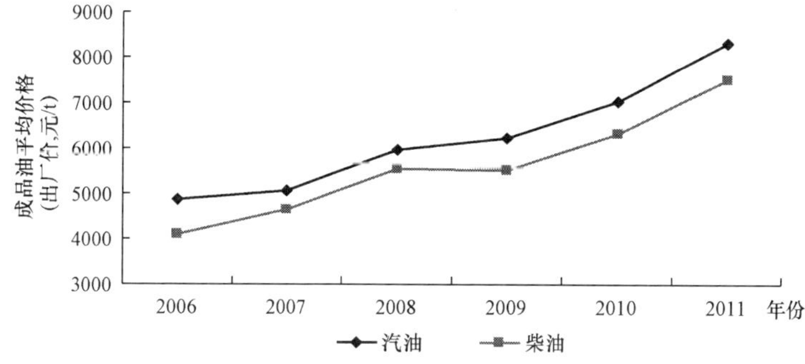

图 1-16 2006—2011 年我国成品油平均出厂价格变化趋势

2009 年初，我国实施了成品油税费改革，实行国内油价与国际接轨，当 22 个工作日国际油价变化率超过 4%时，国内油价将相应作出调整。受国际油价波动的影响，2010—2011 年国内成品油价格先后进行了七次调整，其中提价五次，降价两次。期间，汽油和柴油单价累计上涨了 1180 元/t 和 1070 元/t，涨幅分别为 17.8%和 18.2%，汽油和柴油价格已达历史新高，具体如表 1-11 和图 1-17 所示。

表 1-11　2010 年以来我国成品油价格（出厂价）调整情况　元/t

调价时间	汽　油		柴　油	
	调价后	调整幅度	调价后	调整幅度
2009 年 11 月 9 日	7100	480	6360	480
2010 年 4 月 14 日	7420	320	6680	320
2010 年 6 月 1 日	7190	-230	6460	-220
2010 年 10 月 26 日	7420	230	6680	220
2010 年 12 月 22 日	7730	310	6980	300
2011 年 2 月 20 日	8080	350	7330	350
2011 年 4 月 7 日	8580	500	7730	400
2011 年 10 月 9 日	8280	-300	7430	-300

资料来源：国家发展改革委相关文件。

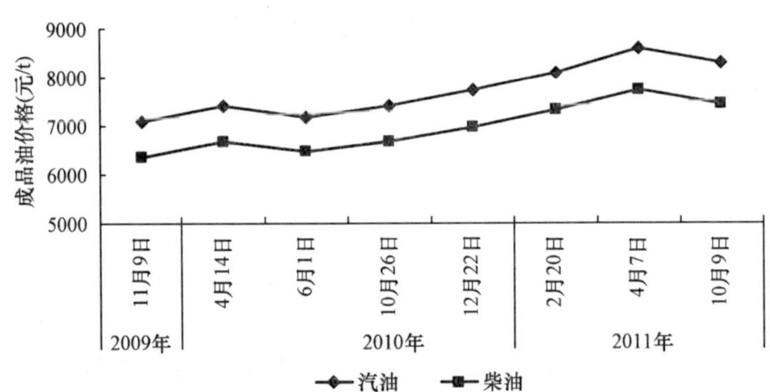

图 1-17　2010 年以来我国成品油价格调整情况

1.3.2　国际成品油价格

（一）国际汽油价格

从国际汽油价格水平来看，2010 年普通无铅汽油价格最高的国家（地区）是丹麦，为 1.90 美元/L；最低的为俄罗斯，为 0.64 美元/L；中国汽油价格处于较低水平，为 0.98 美元/L，在所列的 18 个国家（地区）中排在第 14 位。2010 年部分国家（地区）普通无铅汽油价格及比较如表1-12和图1-18所示。

表1-12 2010年部分国家（地区）普通无铅汽油价格 美元/L

国家（地区）	价格	国家（地区）	价格
丹麦	1.90	澳大利亚	1.16
德国	1.88	印度	1.13
捷克	1.65	泰国	1.12
奥地利	1.57	加拿大	1.00
日本	1.52	中国	0.98
韩国	1.48	中国台湾	0.94
新西兰	1.27	美国	0.74
新加坡	1.22	墨西哥	0.65
智利	1.22	俄罗斯	0.64

资料来源：《ENERGY PRICE & TAXES，2nd Quarter 2011》，IEA。
注 价格为含税价格。

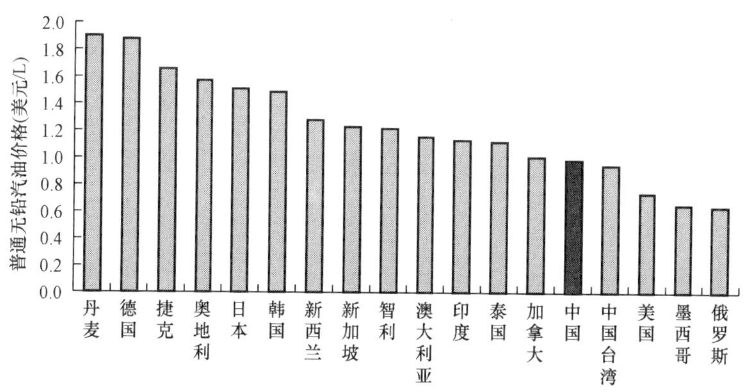

图1-18 2010年部分国家（地区）普通无铅汽油价格比较

2006—2010年部分国家（地区）普通无铅汽油价格及变化趋势如表1-13和图1-19所示。

表 1-13　　2006—2010 年部分国家（地区）普通无铅汽油价格　　本币元/L

国家（地区）	2006 年	2007 年	2008 年	2009 年	2010 年	年均增长率（%）	2010 年同比增长（%）
中国	4.45	4.60	5.71	5.91	6.67	10.7	12.9
泰国	26.78	28.37	33.41	31.34	36.10	7.7	15.2
俄罗斯	15.12	15.99	19.11	17.62	19.42	6.5	10.2
墨西哥	6.65	6.94	7.23	7.63	8.22	5.5	7.8
韩国	1488.93	1524.49	1694.44	1592.28	1708.25	3.5	8.0
新西兰	1.55	1.55	1.81	1.60	1.77	3.3	10.2
中国台湾	26.25	27.75	29.45	26.51	29.74	3.2	12.2
新加坡	1.50	1.56	1.85	1.56	1.69	3.0	8.1
丹麦	9.53	9.68	10.20	9.47	10.69	2.9	12.9
德国	1.27	1.33	1.40	1.30	1.42	2.8	9.3
奥地利	1.07	1.10	1.21	1.04	1.19	2.6	13.8
美国	0.68	0.74	0.86	0.62	0.74	2.0	18.7
捷克	29.16	29.12	29.80	26.88	31.50	1.9	17.2
印度	49.16	48.43	50.52	44.54	52.18	1.5	17.2
加拿大	0.98	1.02	1.15	0.95	1.03	1.3	8.7
智利	595.50	600.32	619.35	508.08	619.63	1.0	22.0
澳大利亚	1.24	1.22	1.41	1.28	1.26	0.4	-2.0
日本	137.47	139.83	156.86	120.28	132.96	-0.8	10.5

资料来源：《ENERGY PRICE & TAXES，2nd Quarter 2011》，IEA。

注　1. 价格为含税价格。

2. 表中数据折合各国本币元。

从国际汽油价格走势看，2006—2008 年各国家（地区）普通无铅汽油价格逐年呈上升趋势，大部分国家（地区）2009 年下降，

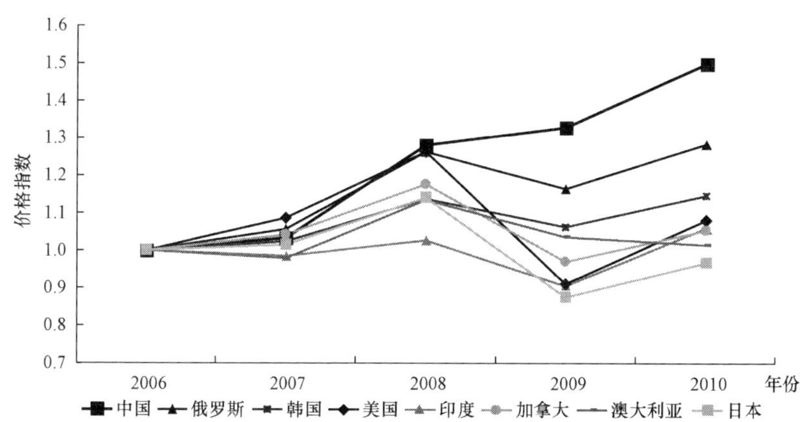

图 1-19 2006—2010 年部分国家（地区）普通无铅汽油价格变化趋势

2010 年上升；2006－2010 年均增长率在 0.4%～10.7%的范围内，中国年均增长率在所列的国家（地区）中最大，为 10.7%。2010 年普通无铅汽油价格与 2009 年相比，除澳大利亚外，其他国家（地区）均上升，上升幅度在 7.8%～22.0%的范围内。

（二）国际柴油价格

从国际柴油价格水平看，2010 年商业车用柴油价格最高的国家（地区）是土耳其，为 2.04 美元/L；最低的为墨西哥，为 0.59 美元/L；中国柴油价格处于较低水平，在所列的 38 个国家（地区）中排在倒数第 8 位，为 0.90 美元/L。2010 年部分国家（地区）商业车用柴油价格及比较如表 1-14 和图 1-20 所示。

表 1-14 2010 年部分国家（地区）商业车用柴油价格 美元/L

国家（地区）	价格	国家（地区）	价格
土耳其	2.04	葡萄牙	1.40
英国	1.57	瑞典	1.39
挪威	1.56	德国	1.37
瑞士	1.40	希腊	1.34

续表

国家（地区）	价格	国家（地区）	价格
捷克	1.34	塞浦路斯	1.16
意大利	1.34	波兰	1.16
爱尔兰	1.32	立陶宛	1.10
比利时	1.32	日本	1.03
荷兰	1.30	南非	0.99
丹麦	1.28	奥地利	0.97
法国	1.27	加拿大	0.97
斯洛文尼亚	1.27	中国	0.90
斯洛伐克	1.26	泰国	0.89
匈牙利	1.24	中国台湾	0.82
芬兰	1.22	印度尼西亚	0.81
爱沙尼亚	1.22	美国	0.79
西班牙	1.22	新西兰	0.75
马耳他	1.18	克罗地亚	0.68
拉脱维亚	1.17	墨西哥	0.59

资料来源：《ENERGY PRICE & TAXES，2nd Quarter 2011》，IEA。

注 价格为含税价格。

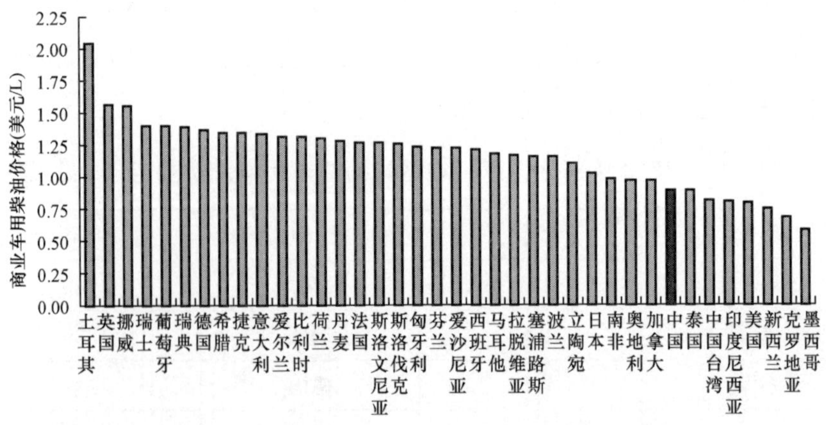

图 1-20 2010 年部分国家（地区）商业车用柴油价格比较

2006—2010年部分国家（地区）商业车用柴油价格及变化趋势如表1-15和图1-21所示。

表1-15 2006—2010年部分国家（地区）商业车用柴油价格 本币元/L

国家（地区）	2006年	2007年	2008年	2009年	2010年	年均增长率（%）	2010年同比增长（%）
立陶宛	1.77	2.57	3.27	2.56	2.90	13.1	13.1
墨西哥	4.73	5.09	5.46	6.76	7.44	12.0	10.0
土耳其	2.22	2.30	2.87	2.59	3.06	8.3	17.9
中国	4.59	4.73	5.48	5.29	6.09	7.3	15.2
印度尼西亚	5815.97	6110.86	8700.00	6566.48	7374.09	6.1	12.3
希腊	0.80	0.83	1.01	0.81	1.01	6.0	25.5
南非	5.83	6.25	9.33	6.67	7.36	6.0	10.3
英国	0.81	0.82	1.00	0.90	1.02	5.8	12.5
爱沙尼亚	0.74	0.73	0.97	0.76	0.92	5.8	21.0
拉脱维亚	0.51	0.53	0.65	0.53	0.62	5.0	16.6
斯洛文尼亚	0.80	0.81	0.94	0.84	0.96	4.5	13.7
挪威	8.19	8.56	9.82	8.57	9.41	3.5	9.7
塞浦路斯	0.77	0.78	0.94	0.73	0.87	3.3	20.6
匈牙利	226.39	219.77	257.03	219.68	257.05	3.2	17.0
中国台湾	22.90	25.02	26.93	23.80	26.00	3.2	9.3
西班牙	0.82	0.83	0.97	0.79	0.92	3.0	16.9
泰国	25.57	25.71	31.24	24.76	28.68	2.9	15.8
瑞典	8.91	8.81	10.69	9.23	9.97	2.9	8.1
波兰	3.13	3.09	3.46	2.98	3.49	2.8	17.0
比利时	0.89	0.90	1.03	0.84	0.99	2.7	17.7
美国	0.71	0.76	1.00	0.65	0.79	2.6	21.5

续表

国家（地区）	2006年	2007年	2008年	2009年	2010年	年均增长率（%）	2010年同比增长（%）
葡萄牙	0.95	0.99	1.16	0.92	1.05	2.5	14.7
丹麦	6.54	6.60	7.60	6.25	7.21	2.4	15.2
芬兰	0.84	0.83	1.04	0.81	0.92	2.4	13.5
爱尔兰	0.91	0.89	1.05	0.84	1.00	2.4	18.0
荷兰	0.91	0.92	1.08	0.84	0.98	1.9	17.5
德国	0.96	0.98	1.12	0.92	1.03	1.7	12.4
马耳他	0.83	0.80	0.95	0.82	0.89	1.5	8.7
法国	0.90	0.91	1.06	0.84	0.96	1.5	14.2
捷克	24.33	24.12	26.68	22.04	25.59	1.3	16.1
意大利	0.97	0.97	1.12	0.90	1.01	1.0	12.3
加拿大	0.96	0.99	1.23	0.88	1.00	1.0	13.2
奥地利	0.71	0.72	0.76	0.64	0.74	0.9	14.4
新西兰	1.01	0.93	1.29	0.91	1.04	0.7	14.1
日本	92.65	96.24	119.43	81.06	90.48	−0.6	11.6
瑞士	1.50	1.52	1.76	1.36	1.46	−0.7	7.5
克罗地亚	4.21	4.24	4.14	3.00	3.77	−2.7	25.6
斯洛伐克	1.11	1.05	1.16	0.93	0.95	−3.8	2.1

资料来源：《ENERGY PRICE & TAXES，2nd Quarter 2011》，IEA。

注 1. 价格为含税价格。

2. 表中数据折合各国本币元。

从国际柴油价格走势看，2006－2008年各国家（地区）商业车用柴油价格逐年呈上升趋势，大部分国家（地区）2009年下降，2010年上升；2006－2010年均增长率在－3.8%～13.1%的范围内，中国年均增长率为7.3%。2010年商业车用柴油价格与2009年相比，所有国家（地区）均上升，上升幅度在2.1%～25.6%的范围内。

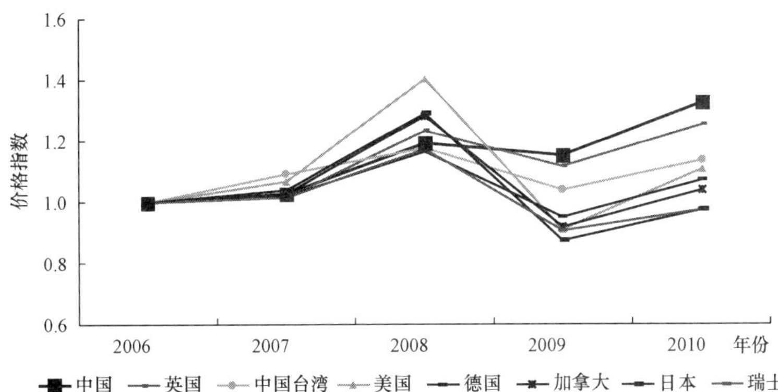

图 1-21 2006—2010 年部分国家（地区）商业车用柴油价格变化趋势

1.3.3 成品油价格国际比较

各国成品油终端零售价格由不含税的市场基本价格和税费两部分构成。各国成品油不含税价格相差不多，但由于税种、税率不同，各国成品油终端零售价格差别很大。

（一）汽油价格国际比较

2010 年部分国家汽油含税价格（全价，下同）、不含税价格及税价构成如表 1-16、图 1-22 和图 1-23 所示。

表 1-16 2010 年部分国家无铅汽油含税价格（全价）、不含税价格及税价构成 美元/L

国家	不含税价格	消费税	增值税	含税价格（全价）	税价占全价比例（%）
土耳其	1.10	0.98	0.37	2.46	55.3
挪威	0.79	0.89	0.42	2.10	62.6
荷兰	0.72	0.96	0.32	1.99	64.1
比利时	0.78	0.81	0.33	1.93	59.5
丹麦	0.77	0.75	0.38	1.91	59.5
芬兰	0.71	0.83	0.35	1.89	62.2

续表

国家	不含税价格	消费税	增值税	含税价格（全价）	税价占全价比例（%）
希腊	0.72	0.82	0.33	1.88	61.5
德国	0.71	0.87	0.30	1.88	62.2
葡萄牙	0.74	0.77	0.31	1.82	59.5
瑞典	0.68	0.76	0.36	1.81	62.2
意大利	0.76	0.75	0.30	1.81	58.0
英国	0.65	0.88	0.27	1.80	63.8
法国	0.69	0.80	0.29	1.78	61.5
以色列	0.77	0.76	0.24	1.77	56.5
爱尔兰	0.71	0.72	0.30	1.72	59.0
捷克	0.72	0.67	0.28	1.67	57.0
斯洛伐克	0.71	0.68	0.26	1.66	57.1
匈牙利	0.71	0.59	0.33	1.63	56.5
斯洛文尼亚	0.68	0.65	0.27	1.59	57.6
奥地利	0.67	0.64	0.26	1.57	57.5
瑞士	0.75	0.71	0.11	1.57	52.4
西班牙	0.74	0.58	0.22	1.54	52.2
卢森堡	0.73	0.61	0.20	1.54	52.8
日本	0.81	0.64	0.07	1.52	46.8
波兰	0.69	0.55	0.27	1.51	54.5
韩国	0.70	0.65	0.13	1.48	52.7
爱沙尼亚	0.67	0.56	0.25	1.47	54.7
新西兰	0.77	0.41	0.15	1.34	42.3
澳大利亚	0.79	0.35	0.11	1.25	37.0
智利	0.71	0.41	0.13	1.25	43.3
加拿大	0.75	0.29	0.05	0.98	31.5

续表

国家	不含税价格	消费税	增值税	含税价格（全价）	税价占全价比例（%）
中国	0.68	0.15	0.15	0.98	30.7
墨西哥	0.67		0.11	0.78	13.8
美国	0.64			0.77	17.0

资料来源：《ENERGY PRICE & TAXES，2nd Quarter 2011》，IEA。

注 日本为91号汽油，韩国为82号汽油，中国为90号汽油，其余国家为95号汽油；增值税价格中，加拿大、新西兰为商品及服务税，日本为消耗税；美国的税价为0.130美元/L，分项税价未提供。

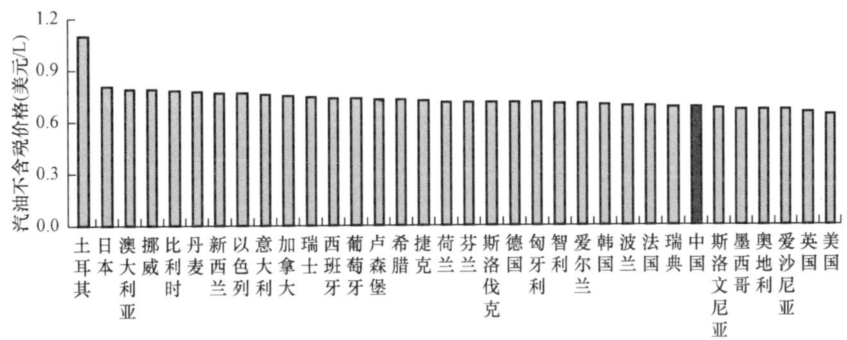

图1-22 2010年部分国家汽油不含税价格比较

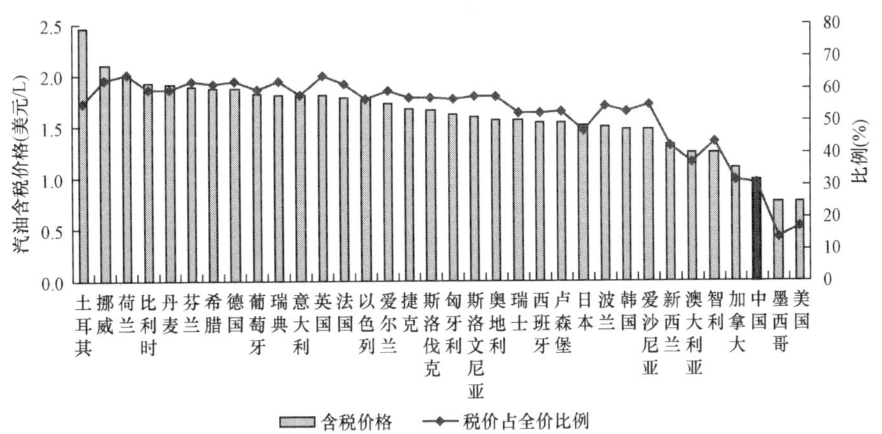

图1-23 2010年部分国家汽油含税价格比较

2010年大部分国家汽油不含税价格在0.6～0.8美元/L的范围内，中国汽油不含税价格为0.68美元/L，在所列的34个国家中排在第28位，处于中等偏下水平。大部分国家汽油含税价格在1.1～2.1美元/L的范围内，中国汽油含税价格为0.98美元/L，在所列的国家中仅高于墨西哥和美国。各国汽油的税价主要包括消费税、增值税或商品及服务税等。税价占全价的比例，欧洲国家和亚洲的日本和韩国均在50%以上；而中国为30.7%，在所列国家中也仅高于美国和墨西哥。

（二）柴油价格国际比较

2010年部分国家柴油含税价格、不含税价格及税价构成如表1-17、图1-24和图1-25所示。

表1-17 2010年部分国家非商业车用柴油含税（全价）、不含税价格及税价构成 美元/L

国家	不含税价格	消费税	增值税	含税价格（全价）	税价占全价比例（%）
土耳其	1.11	0.62	0.31	2.04	45.8
挪威	0.87	0.68	0.39	1.95	55.2
英国	0.68	0.88	0.27	1.84	62.9
以色列	0.85	0.67	0.24	1.77	51.7
瑞典	0.78	0.60	0.35	1.73	54.8
瑞士	0.79	0.74	0.12	1.65	52.0
希腊	0.83	0.52	0.29	1.63	49.4
德国	0.74	0.62	0.26	1.62	54.3
捷克	0.77	0.57	0.27	1.61	52.3
意大利	0.78	0.56	0.27	1.61	51.5
丹麦	0.77	0.52	0.32	1.60	52.2

续表

国家	不含税价格	消费税	增值税	含税价格（全价）	税价占全价比例（%）
爱尔兰	0.74	0.58	0.28	1.60	53.6
比利时	0.80	0.51	0.28	1.59	49.5
荷兰	0.74	0.57	0.25	1.55	52.6
匈牙利	0.75	0.48	0.31	1.55	51.3
葡萄牙	0.78	0.48	0.26	1.53	48.6
斯洛文尼亚	0.70	0.57	0.25	1.52	54.3
法国	0.70	0.57	0.25	1.52	53.8
芬兰	0.74	0.48	0.28	1.50	50.7
斯洛伐克	0.59	0.64	0.23	1.47	59.4
奥地利	0.71	0.51	0.24	1.46	51.6
爱沙尼亚	0.70	0.52	0.24	1.46	52.2
西班牙	0.77	0.45	0.21	1.42	46.3
波兰	0.73	0.43	0.25	1.41	48.2
卢森堡	0.74	0.41	0.17	1.32	44.1
韩国	0.73	0.45	0.12	1.30	43.6
日本	0.85	0.39	0.04	1.29	33.7
澳大利亚	0.72	0.35	0.11	1.17	38.9
中国	0.70	0.12	0.15	0.97	27.9
智利	0.71	0.11	0.13	0.95	25.5
新西兰	0.74	0.003	0.10	0.84	12.0
美国	0.65			0.79	17.6
墨西哥	0.58		0.09	0.67	13.8

资料来源：《ENERGY PRICE & TAXES，2nd Quarter 2011》，IEA。

注 增值税价格中，加拿大、新西兰为商品及服务税价格，日本为消耗税价格；美国的税价为 0.14 美元/L，分项税价未提供。

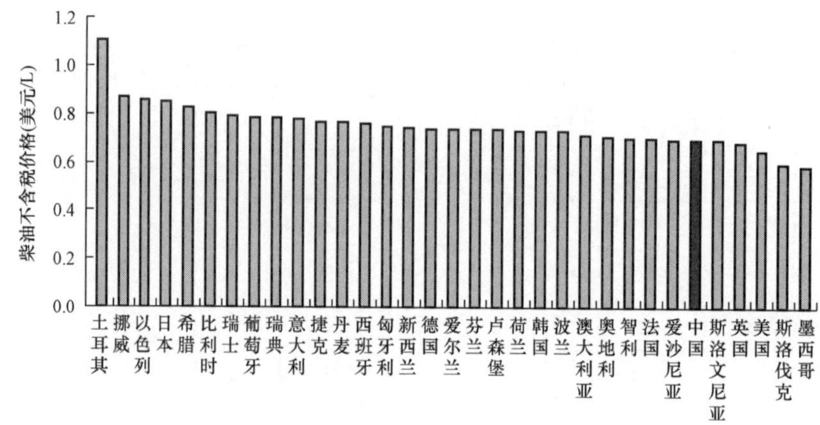

图 1-24 2010 年部分国家柴油不含税价格比较

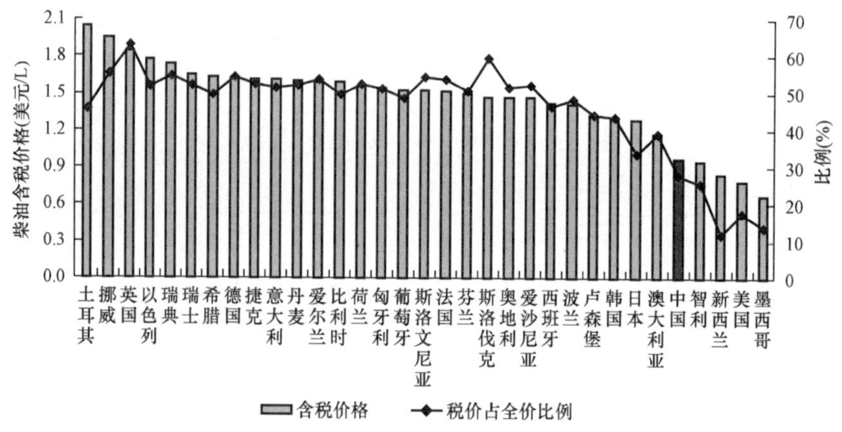

图 1-25 2010 年部分国家柴油含税价格比较

2010 年大部分国家柴油不含税价在 0.6～0.8 美元/L 的范围内，中国柴油不含税价格为 0.70 美元/L，在所列的 33 个国家中排在 28 位，处于中等偏下水平。大部分国家柴油含税价格在 1.0～1.9 美元/L 的范围内，中国柴油含税价格为 0.97 美元/L，在所列的国家中仅高于智利、新西兰、美国和墨西哥。各国柴油的税价主要包括消费税、增值税或商品及服务税等。税价占全价的比例，欧洲大部分国家在 50%以上，美国为 17.6%，日本为 33.7%，韩国为 43.6%；而中国为 27.9%，在所列的国家中仅高于美国、墨西哥、新西兰和智利。

1.3.4 国际成品油与原油价格变化趋势比较

原油是成品油炼制过程中最重要的原料，占成品油成本的80%左右，且国际市场上原油和成品油的市场化程度很高，因此国际成品油价格与原油价格的相关性很高，成品油价格的变动很大程度上跟随原油价格的波动。目前，中国原油价格已与国际市场直接接轨，成品油价格与国际市场原油价格有控制地间接接轨，即在国际市场原油价格持续上涨或剧烈波动时，对成品油价格进行适当调控，以减轻对国内市场的影响。

2006—2010年部分国家（地区）普通无铅汽油价格、布伦特原油现货价格及变化趋势如表1-18和图1-26所示。

表1-18 2006—2010年部分国家（地区）普通无铅汽油价格与国际原油价格变化情况比较

油种	国家（地区）	2006年	2007年	2008年	2009年	2010年	年均增长率（%）
原油（美元/桶）	布伦特	65.14	72.39	97.26	61.67	79.50	4.1
普通汽油（本币元/L）	澳大利亚	1.24	1.22	1.41	1.28	1.26	0.3
	加拿大	0.98	1.02	1.15	0.95	1.03	1.1
	德国	1.27	1.33	1.40	1.30	1.42	2.2
	日本	137.47	139.83	156.86	120.28	132.96	−0.7
	韩国	1488.93	1524.49	1694.44	1582.28	1708.25	2.8
	墨西哥	6.65	6.94	7.23	7.63	8.22	4.3
	美国	0.68	0.74	0.86	0.62	0.74	1.6
	中国	4.45	4.60	5.71	5.91	6.67	8.4

从所选国家（地区）普通无铅汽油和布伦特原油价格走势看，

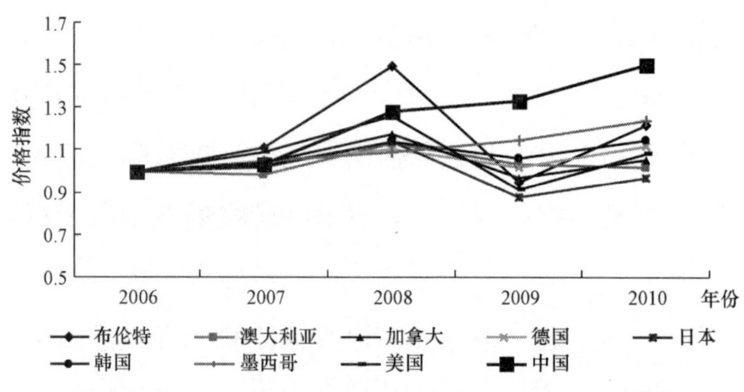

图 1-26　2006—2010 年部分国家（地区）

成品油价格与国际原油价格变化趋势

2006—2008 年逐年均呈上升趋势，2009 年下降，2010 年开始上升。2006—2010 年，部分国家普通无铅汽油价格的年均增长率在-0.7%～8.4%的范围内，布伦特原油现货价格的年均增长率为 4.1%。成品油价格随着国际原油价格的变化而变化，大部分国家成品油价格的上涨速度低于国际原油价格的上涨速度。

1.4　国际原油价格展望

2012 年国际原油价格主要取决于四个因素：中东政治走向、欧洲债务危机、美国经济走势及新兴经济体发展前景。中东局势变动对油价影响最大，突尼斯、也门、埃及、叙利亚、伊朗等局势紧张，中东动乱的多米诺骨牌效应是否会就此结束依然未知；欧洲债务危机引发的金融领域风险若蔓延到实体经济，将导致欧洲经济下滑，进而拖累全球经济复苏步伐，国际原油价格将出现进一步下探的趋势；2012 年美联储可能会出台新的类似量化宽松政策，在美元贬值压力不大、经济增长难有超预期的情况下，预计美国因素对油价造成的冲击不会很大；新兴经济体对原油的旺盛需求将对国际原油形成需求面上的支撑，原油价格复现 2009 年初低位的可能性很小。

据国内外一些权威机构预测，2012 年国际石油价格仍将上涨。美国能源情报署（EIA）预测，2012 年 WTI 原油均价为 104 美元/桶；英国全球能源研究中心（CGES）预测，2012 年布伦特油价为 105 美元/桶；美国剑桥能源（CERA）预测，2012 年 WTI 油价全年为 86.3 美元/桶，布伦特油价为 107.8 美元/桶；北京理工大学能源与环境政策研究中心发布《2012 年国际原油价格分析与趋势预测》指出，2012 年美国 WTI 均价会小幅超过 2011 年，达到 95～105 美元/桶，与北海布伦特的差价将保持在 10～15 美元/桶；中国科学院预测科学研究中心预计，2012 年 WTI 均价将同比上涨约 11.3%，上扬至 105 美元/桶左右。

综合看来，2012 年世界经济形势总体严峻复杂，复苏的不稳定性、不确定性上升。2012 年世界石油供需宽松将使投机失去做多的动力，欧洲债务危机等将为做空提供动力，美元对欧元比价呈升降交替走势。在伊朗问题没有进一步恶化的情况下，国际油价总体将低于 2011 年水平，并维持震荡走势，预计 WTI 均价为 90～100 美元/桶，布伦特原油均价为 95～105 美元/桶。

2 天然气价格分析

2.1 天然气的生产与消费

2.1.1 世界及主要国家天然气生产量

从世界天然气产量分布来看，美国仍然是世界上最大的天然气生产国。2010 年美国天然气产量达 6110 亿 m^3，占世界总产量的 19.1％；2010 年俄罗斯天然气产量大幅提高，占世界总产量的比重上升到 18.4％。我国天然气产量增长较快，占世界总产量的比重上升到 3％。2006—2010 年世界及主要国家天然气生产量如表 2-1 所示，2010 年主要国家天然气生产量占比如图 2-1 所示。

表 2-1 2006—2010 年世界及主要国家天然气生产量 10 亿 m^3

国　家	2006 年	2007 年	2008 年	2009 年	2010 年	年均增长率（％）	2010 年同比增长（％）
世界合计	2880.7	2950.5	3062.1	2975.9	3193.3	2.6	7.3
美国	524.0	545.6	570.8	582.8	611.0	3.9	4.8
俄罗斯	595.2	592.0	601.7	527.7	588.9	－0.3	11.6
加拿大	188.4	182.5	176.4	163.9	159.8	－4.0	－2.5
伊朗	108.6	111.9	116.3	131.2	138.5	6.3	5.6
卡塔尔	50.7	63.2	77.0	89.3	116.7	23.2	30.7
挪威	87.6	89.7	99.3	103.7	106.4	5.0	2.5
中国	58.6	69.2	80.3	85.3	96.8	13.4	13.5
沙特阿拉伯	73.5	74.4	80.4	78.5	83.9	3.4	7.0

续表

国　　家	2006年	2007年	2008年	2009年	2010年	年均增长率（%）	2010年同比增长（%）
印度尼西亚	70.3	67.6	69.7	71.9	82.0	3.9	14.0
阿尔及利亚	84.5	84.8	85.8	79.6	80.4	-1.2	1.1
荷兰	61.6	60.5	66.6	62.7	70.5	3.4	12.4
马来西亚	63.3	64.6	64.7	64.1	66.5	1.2	3.7
埃及	54.7	55.7	59.0	62.7	61.3	2.9	-2.2
乌兹别克斯坦	54.5	59.1	62.2	60.0	59.1	2.1	-1.5
英国	80.0	72.1	69.6	59.7	57.1	-8.1	-4.3
墨西哥	51.5	53.6	54.2	54.9	55.3	1.8	0.7
阿联酋	49.0	50.3	50.2	48.8	51.0	1.0	4.5
印度	29.3	30.1	30.5	39.2	50.9	14.8	29.7
澳大利亚	40.2	41.9	41.6	47.9	50.4	5.8	5.1
特立尼达和多巴哥	36.4	39.0	39.3	40.6	42.4	3.8	4.4
土库曼斯坦	60.4	65.4	66.1	36.4	42.4	-8.5	16.4
阿根廷	46.1	44.8	44.1	41.4	40.1	-3.4	-3.0
巴基斯坦	36.1	36.8	37.5	38.4	39.5	2.2	2.7
泰国	24.3	26.0	28.8	30.9	36.3	10.5	17.4

资料来源：《BP世界能源统计2011》。

注　数据不包括放空燃烧或回收的天然气。

2006—2010年，世界天然气总产量稳步增长，2010年世界天然气产量增长为1984年以来的最大增幅。2006—2010年世界天然气总产量年均增长率为2.6%，2010年世界天然气产量为3.19万亿m^3，与2009年相比增加了2174亿m^3，增幅达7.3%。

从产量增长的国家来看，俄罗斯的天然气产量增长最快，增幅为11.6%，为全球最大量的增长，主要原因是2009年俄罗斯和大多数

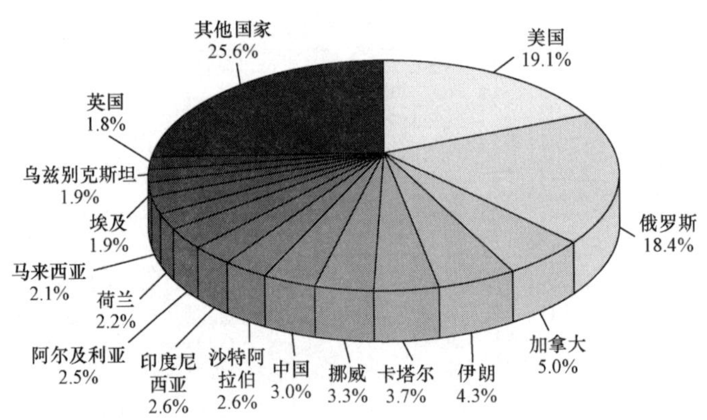

图 2-1 2010 年主要国家天然气生产量占比

欧洲国家的需求出现下降，而 2010 年天然气需求快速反弹回升推动俄罗斯天然气产量的快速上涨。美国持续加大对非常规天然气的开发力度，非常规能源供应继续增长，天然气产量增幅达到 282 亿 m^3，印度、中国和印度尼西亚天然气产量依然保持较快增长态势，增幅分别达到 117 亿、115 亿、101 亿 m^3，持续推动亚太地区天然气的整体增长。从我国目前天然气生产来看，页岩气被看做我国扩充天然气产量的一项重要资源。2012 年 3 月 16 日，国家能源局发布的《页岩气发展规划》提出，要在“十二五”期间大力推进页岩气资源评价、攻关勘探开发技术、完善页岩气产业政策并争取形成一定的产能规模。我国页岩气资源类型较多，可采资源潜力为 25 万亿 m^3（不含青藏区），相当于我国国内的常规天然气储量，未来页岩气的开发将在一定程度上缓解天然气的资源紧张状况。

从产量下降的国家来看，加拿大受北美天然气价格疲软（2011 年，天然气的交易价格与原油相比达到创纪录的折扣优惠）的影响，天然气产量减幅为全球最大，且已连续四年下跌。2006—2010 年主要国家天然气生产量变化趋势如图 2-2 所示。

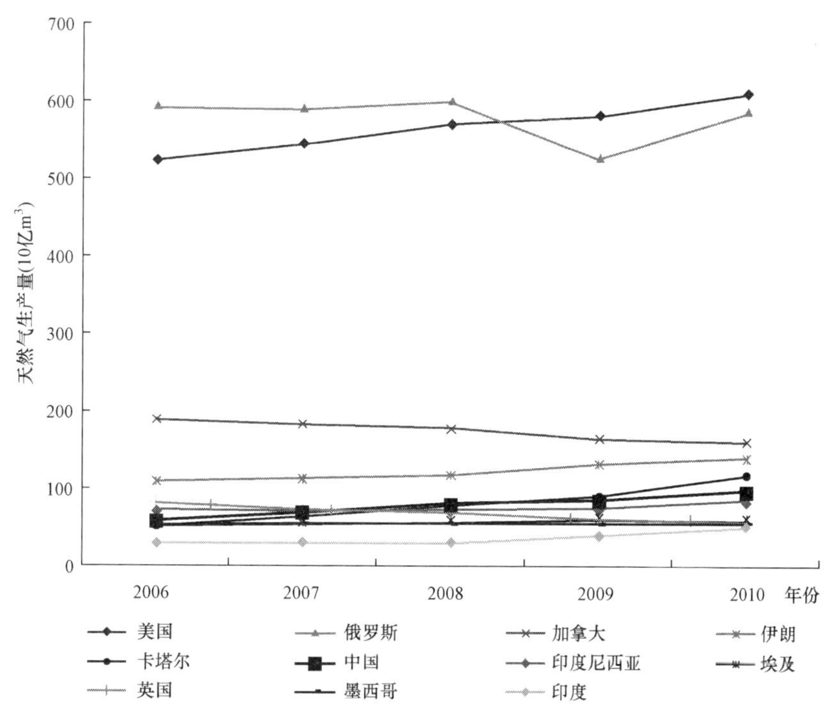

图 2-2 2006—2010 年主要国家天然气生产量变化趋势

2.1.2 世界及主要国家天然气消费量

2006—2010 年，世界天然气消费量前三年逐年稳步增长，到 2009 年出现下降，2010 年天然气消费量快速回升并呈现大幅增长态势。2010 年全球天然气消费增长 7.4%，为 1984 年以来的最大增幅。从增长的绝对数来看，天然气消费增长涨幅最大的国家是美国，2010 年天然气消费量较 2009 年增加 367 亿 m^3，增幅为 5.7%，达到历史新高；俄罗斯和中国的天然气消费也有大幅增加，分别达到各自历史最大增幅 245 亿 m^3 和 195 亿 m^3。从增长的相对指标来看，亚洲国家的天然气消费增幅最快，平均增长率为 10.7%，其中韩国增长最快，达到 26.5%。2006—2010 年，在世界各国中，中国的天然气消费量年均增长最快，年均增长率为 18.1%。2006—2010 年世界及主要国家天然气消费量如表 2-2 所示，2010 年主要国家天然气消费量占比如图 2-3 所示，2006—2010 年主要国家天然气消费量变化趋势如图 2-4 所示。

表 2-2 2006—2010 年世界及主要国家天然气消费量 10 亿 m^3

国家	2006 年	2007 年	2008 年	2009 年	2010 年	年均增长率（%）	2010 年同比增长（%）
世界合计	2842.4	2947.4	3026.4	2950.2	3169.0	2.8	7.4
美国	614.1	654.0	658.9	646.7	683.4	2.7	5.7
俄罗斯	408.5	422.1	416.0	389.6	414.1	0.3	6.3
伊朗	108.7	113.0	119.3	131.4	136.9	5.9	4.2
中国	56.1	70.5	81.3	89.5	109.0	18.1	21.8
日本	83.7	90.2	93.7	87.4	94.5	3.1	8.1
英国	90.1	91.1	93.8	86.7	93.8	1.0	8.3
加拿大	96.9	95.2	95.5	94.4	93.8	−0.8	−0.6
沙特阿拉伯	73.5	74.4	80.4	78.5	83.9	3.4	7.0
德国	87.2	82.9	81.2	78.0	81.3	−1.7	4.2
意大利	77.4	77.8	77.8	71.5	76.1	−0.4	6.4
墨西哥	60.9	62.8	66.4	66.6	68.9	3.1	3.4
印度	37.3	40.1	41.3	51.0	61.9	13.5	21.5
阿联酋	43.4	49.2	59.5	59.1	60.5	8.7	2.5
乌克兰	67.0	63.2	60.0	47.0	52.1	−6.1	11.0
法国	42.1	42.4	43.8	42.2	46.9	2.7	11.1
乌兹别克斯坦	41.9	45.9	48.7	43.5	45.5	2.1	4.6
埃及	36.5	38.4	40.8	42.5	45.1	5.4	6.0
泰国	33.3	35.4	37.4	39.2	45.1	7.9	15.0
荷兰	38.1	37.0	38.6	38.9	43.6	3.4	12.1
阿根廷	41.8	43.9	44.4	43.2	43.3	0.9	0.4

续表

国　　家	2006年	2007年	2008年	2009年	2010年	年均增长率（%）	2010年同比增长（%）
韩国	32.0	34.7	35.7	33.9	42.9	7.6	26.5
印度尼西亚	33.2	31.3	33.3	37.4	40.3	5.0	7.8
巴基斯坦	36.1	36.8	37.5	38.4	39.5	2.2	2.7
土耳其	30.5	36.1	37.5	35.7	39.0	6.3	9.2
马来西亚	33.7	33.4	33.8	33.7	35.7	1.4	6.2
西班牙	33.7	35.1	38.6	34.6	34.4	0.6	−0.3
委内瑞拉	31.5	29.6	31.5	30.5	30.7	−0.6	0.6
澳大利亚	25.3	27.6	28.8	30.7	30.4	4.7	−1.2
阿尔及利亚	23.7	24.3	25.4	27.2	28.9	5.0	6.0

资料来源：《BP世界能源统计2011》。

注　数据不包括放空燃烧或回收的天然气。

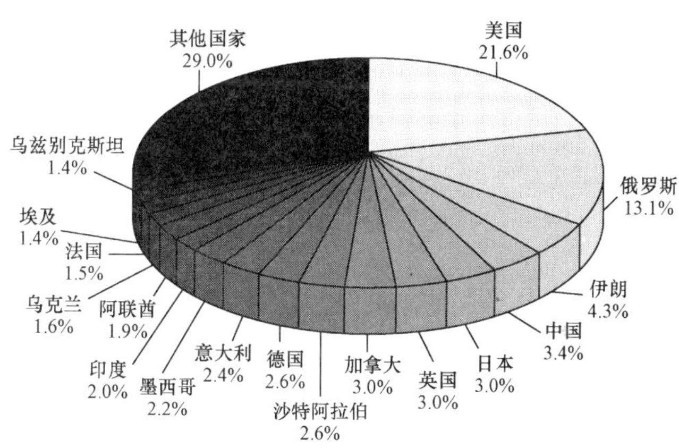

图2-3　2010年主要国家天然气消费量占比

从能源消费结构来看，2010年世界一次能源消费构成中，天然气消费占一次能源总消费的比重为24%，而我国天然气消费占一次能源总消费的比重仅为4%。2010年，我国通过天然气价格改革等政

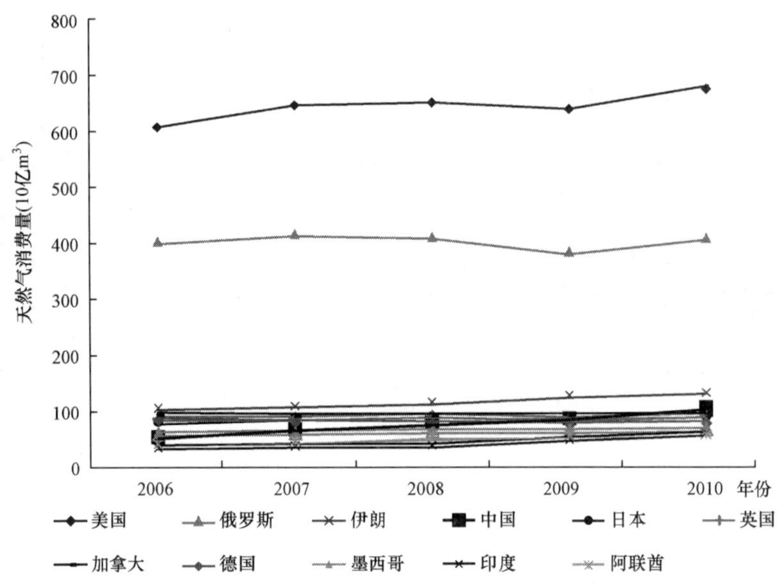

图 2-4 2006—2010 年主要国家天然气消费量变化趋势

策措施，进一步优化调整能源消费结构，提高天然气在一次能源消费中的比例，大力发展天然气等清洁能源，是我国实现低碳发展的重要途径，在国家政策鼓励及下游消费旺盛等因素共同影响下，2010 年我国天然气消费占一次能源总消费的比重较 2009 年小幅上涨，但仍然偏低。

从天然气消费占世界天然气总消费的比重来看，2010 年美国依然是天然气消费量最大的国家，占世界天然气消费量比重达 21.6%；其次是俄罗斯，占比达 13.1%；我国天然气消费量占世界消费量的比重为 3.4%，占比小幅提高，但仍远远低于世界平均水平。

从天然气消费结构来看，我国化工用气及工业燃料用气比例较高，与国际城市燃气和发电用气占较高比例相比，用气结构存在较大差异。2010 年美国发电用天然气消费占比 33.1%，工业用天然气消费占比 29.2%，居民用天然气消费占比 21.5%，商业用天然气消费占比 16.2%，近年来美国居民用天然气和发电用天然气消费占比有上升趋势，工业用天然气消费占比有下降趋势。目前，我国化工用气约占 18%，工业燃料用气约占 29%，发电用气约占 17%，城市燃气约占 36%，我国天然气消费结构更加均衡，下游市场已经形成多主体竞争格局，但我国天然气消费结构仍需调整，未来我国天然气发电和城市燃气占比仍需进一步提高，促进城市天然气对燃煤的替代。

2.1.3 世界及主要国家天然气贸易量

根据 BP 统计数据，2010 年世界天然气贸易量占化石能源总消费量的比重为 31%，较 2009 年上升了 1 个百分点。世界天然气贸易方式以管道为主，占总贸易量比重为 69.5%，液化天然气（LNG）占总贸易量比重为 30.5%。

2006—2010 年，全球天然气贸易稳中有增。**2010 年在 LNG 贸易强劲增长（22.6%）的推动下，全球天然气贸易量较 2009 年增长 10.1%，增长强劲**。中东地区在天然气出口中占据主导地位，卡塔尔（世界最大的 LNG 供应国）的天然气出口量增长 53.2%，推动 LNG 贸易增加了 22.6%。在所有 LNG 进口国中，最大的气量增幅来自韩国、英国和日本。2010 年管道天然气贸易量增加 5.4%，主要来自俄罗斯的管道气出口的增长，欧洲及欧亚大陆约占全球管道天然气贸易量的 2/3。

2006—2010 年，我国天然气贸易主要为进口 LNG，贸易量增幅较大。**2010 年，我国国内的天然气对外依存度约为 11.7%，较 2009 年增长了 3 个百分点**。随着中亚天然气管道的建成投产，我国天然气进口方式呈现多元化发展，2010 年我国累计进口天然气 166.1 亿 m^3，其中管道天然气进口量占 21.7%，LNG 进口量占 78.3%。我国天然气累计出口 40.6 亿 m^3，出口主要供应港澳地区。

从天然气贸易方式、区域分布的现状和发展趋势来看，由于生产和消费中心的不匹配，全球天然气贸易规模将越来越大。其中以中国、日本和韩国为主的东亚，西欧和北美将是最大的三个天然气进口市场。而中东、俄罗斯、非洲和澳洲则成为天然气的主要出口市场。

（一）管道天然气贸易量

管道天然气贸易主要集中在欧洲和北美洲。从占比来看，2010年世界主要国家管道天然气进口量占世界总管道天然气进口量的比例排名前三位的国家是美国、德国和意大利，分别达到 13.8%、13.7%和 9.8%。世界主要国家管道天然气出口量占世界总管道天然气出口量的比例排名前三位的国家是俄罗斯、挪威和加拿大，分别达 27.5%、14.2%和 13.6%。2006－2010 年世界及主要国家管道天然气进口量有如表 2-3 所示，2010 年主要国家管道天然气进口量占比如图 2-5 所示，2006－2010 年世界及主要国家管道天然气出口量如表 2-4 所示，2010 年主要国家管道天然气出口量占比如图 2-6 所示。

表 2-3 2006－2010 年世界及主要国家管道天然气进口量 10 亿 m^3

国家	2006 年	2007 年	2008 年	2009 年	2010 年	年均增长率（%）	2010 年同比增长（%）
世界合计	537.1	549.7	587.3	633.8	677.6	6.0	6.9
美国	99.8	108.9	104.4	93.0	93.3	－1.7	0.2
德国	90.8	83.7	87.1	88.8	92.8	0.5	4.5
意大利	74.3	72.4	75.3	66.4	66.3	－2.8	－0.2
英国	17.5	28.0	35.4	30.9	35.0	18.9	13.2
法国	35.7	33.8	36.7	36.0	35.0	－0.5	－2.9
乌克兰	—	—	—	24.1	33.0	—	36.8

续表

国家	2006 年	2007 年	2008 年	2009 年	2010 年	年均增长率（%）	2010 年同比增长（%）
俄罗斯	—	—	—	32.3	32.7	—	1.0
土耳其	25.3	30.6	32.3	27.5	28.8	3.2	4.7
加拿大	9.4	13.2	15.9	19.9	20.9	22.2	5.3
比利时	18.4	19.3	18.3	15.0	18.1	−0.3	20.8
阿联酋	1.4	1.8	15.4	17.3	17.3	87.4	0.0
荷兰	18.5	18.9	18.0	17.2	17.0	−2.2	−1.4
捷克	9.5	8.6	8.6	9.4	11.5	5.0	22.8
波兰	10.6	9.3	9.8	9.2	10.2	−1.0	10.9
巴西	9.5	10.0	11.0	8.1	9.8	0.9	21.1
墨西哥	9.9	8.8	10.3	9.6	9.4	−1.1	−1.9
西班牙	10.7	11.0	10.9	9.0	8.9	−4.7	−1.4
泰国	9.0	9.9	8.6	8.3	8.8	−0.5	6.3
新加坡	6.6	7.2	8.3	9.6	8.4	6.2	−12.6
匈牙利	11.0	10.5	11.5	8.1	7.5	−9.1	−7.8
伊朗	5.8	6.1	6.9	6.2	6.9	4.2	11.1
奥地利	8.7	7.5	8.1	8.0	6.8	−6.2	−15.2
澳大利亚	—	—	—	—	5.8	—	—
斯洛伐克	6.3	5.8	5.6	5.4	5.5	−3.5	1.3
爱尔兰	3.4	4.2	5.0	5.1	5.3	11.7	4.1
芬兰	4.5	4.3	4.5	4.1	4.5	−0.1	9.8
瑞士	3.1	3.0	3.2	3.1	3.6	4.4	17.6
中国	—	—	—	—	3.6	—	—

资料来源：《BP 世界能源统计 2011》。

注 数据不包括放空燃烧或回收的天然气。

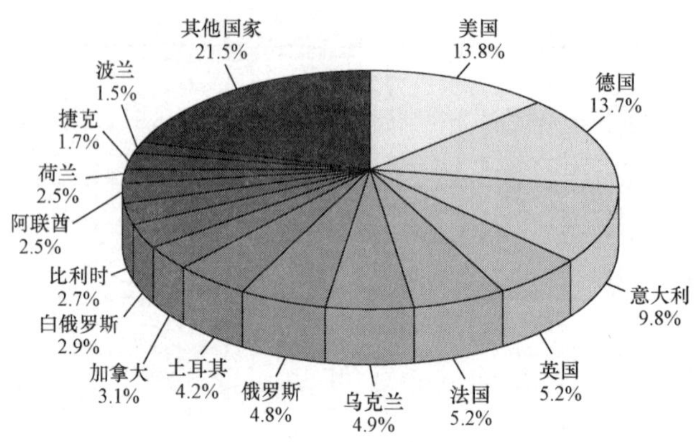

图 2-5 2010 年主要国家管道天然气进口量占比

表 2-4 2006—2010 年世界及主要国家管道天然气出口量 10 亿 m^3

国家	2006 年	2007 年	2008 年	2009 年	2010 年	年均增长率（%）	2010 年同比增长（%）
世界合计	537.1	549.7	587.3	633.8	677.6	6.0	6.9
俄罗斯	151.5	147.5	154.4	176.5	186.5	5.3	5.6
挪威	84.0	86.0	92.8	95.7	95.9	3.4	0.2
加拿大	99.8	107.3	103.2	92.2	92.4	-1.9	0.2
荷兰	48.6	50.1	55.0	49.7	53.3	2.3	7.4
阿尔及利亚	36.9	34.0	37.5	31.8	36.5	-0.3	14.8
美国	19.2	22.0	26.2	29.5	30.3	12.1	3.0
土库曼斯坦	6.0	6.1	6.5	16.7	19.7	34.6	18.0
卡塔尔	—	0.8	17.1	18.8	19.2	—	2.1
英国	9.9	10.4	10.5	12.2	15.7	12.0	28.6
德国	14.7	16.4	15.1	12.8	14.8	0.1	15.3
乌兹别克斯坦	—	—	—	15.7	13.6	—	-13.6
哈萨克斯坦	—	—	—	10.3	11.9	—	16.0
玻利维亚	10.8	11.7	11.8	9.8	11.7	1.9	18.8

续表

国家	2006 年	2007 年	2008 年	2009 年	2010 年	年均增长率（%）	2010 年同比增长（%）
印度尼西亚	4.8	5.4	6.7	9.7	9.9	19.6	2.3
利比亚	7.7	9.2	9.9	9.2	9.4	5.2	2.6
缅甸	9.0	9.9	8.6	8.3	8.8	−0.5	6.3
伊朗	5.7	6.2	5.8	5.7	8.4	10.3	48.5
阿塞拜疆	—	—	—	7.2	6.5	—	−10.3
埃及	1.9	2.4	2.9	5.5	5.5	29.7	−0.7
中国	—	—	—	—	3.8	—	
丹麦	5.1	—	—	4.0	3.5	−8.7	−11.7
比利时	4.5	4.5	2.5	2.5	3.1	−9.0	21.3
墨西哥	0.1	1.6	1.2	0.8	0.9	80.5	7.6
阿根廷	6.1	—	—	0.9	0.4	−48.9	−52.3

资料来源：《BP 世界能源统计 2011》。

注 数据不包括放空燃烧或回收的天然气。

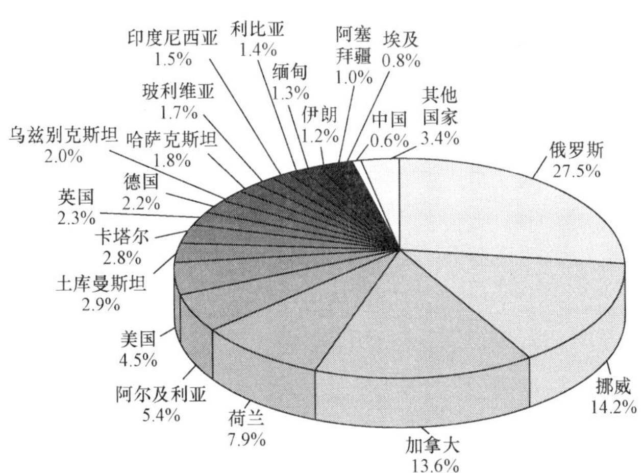

图 2-6 2010 年主要国家管道天然气出口量占比

2006—2010 年，世界管道天然气进出口量呈逐年增长态势，年

均增长率为 6%。在世界各国中，进口量增长较快的国家是阿联酋和加拿大，年均增长率分别达到 87.4%和 22.2%。出口量增长较快的国家是墨西哥，年均增长率为 80.5%。2006—2010 年主要国家管道天然气进出口量变化趋势如图 2-7 和图 2-8 所示。

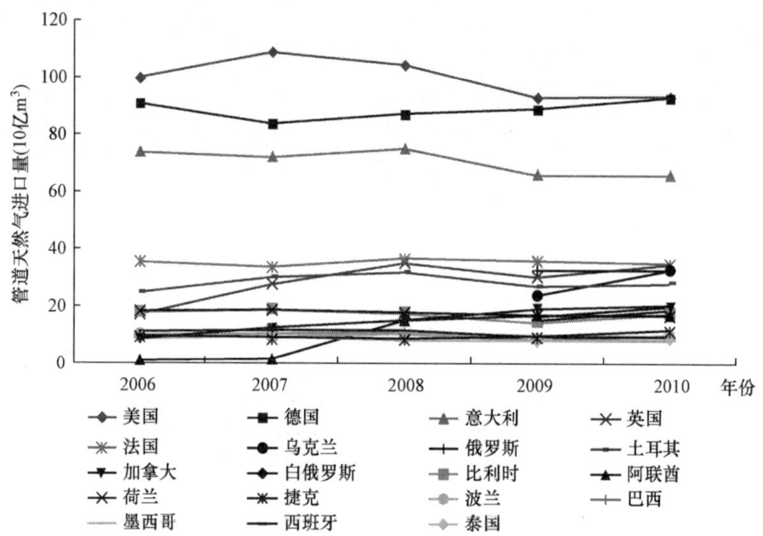

图 2-7 2006—2010 年主要国家管道天然气进口量变化趋势

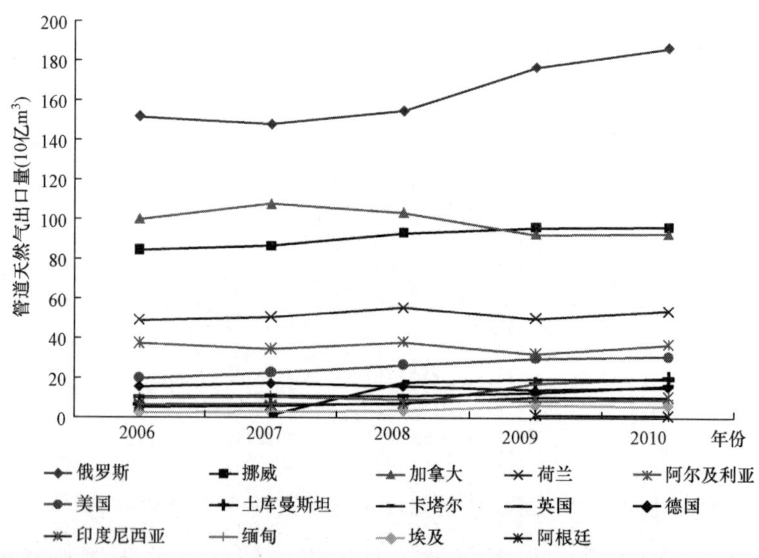

图 2-8 2006—2010 年主要国家管道天然气出口量变化趋势

（二）LNG贸易量

LNG贸易量主要集中在亚太地区。2010年主要国家LNG进口量占世界总LNG进口量的比例排名前两位的国家是日本和韩国，达31.4%和14.9%，中国LNG进口量占世界总LNG进口量的比例为4.3%。2006—2010年世界及主要国家（地区）LNG进口量如表2-5所示，2010年主要国家（地区）LNG进口量占比如图2-9所示。

表2-5 2006—2010年世界及主要国家（地区）LNG进口量

10亿 m^3

国家（地区）	2006年	2007年	2008年	2009年	2010年	年均增长率（%）	2010年同比增长（%）
世界合计	211.1	226.4	226.5	242.8	297.6	9.0	22.6
日本	81.9	88.8	92.1	85.9	93.5	3.4	8.8
韩国	34.1	34.4	36.5	34.3	44.4	6.8	29.4
西班牙	24.4	24.2	28.7	27.0	27.5	3.1	2.0
英国	3.6	1.5	1.0	10.2	18.7	51.3	82.2
中国台湾	10.2	10.9	12.1	11.8	14.9	9.9	26.4
法国	13.9	13.0	12.6	13.1	13.9	0.1	6.7
中国	1.0	3.9	4.4	7.6	12.8	89.2	67.9
美国	16.6	21.8	9.9	12.8	12.2	−7.3	−4.4
印度	8.0	10.0	10.8	12.6	12.2	11.1	−3.7
意大利	3.1	2.4	1.6	2.9	9.1	30.8	213.1
土耳其	5.7	6.0	5.3	5.7	7.9	8.5	38.8
比利时	4.3	3.2	2.5	6.5	6.4	10.7	−1.6
墨西哥	0.9	2.2	3.6	3.6	5.7	57.1	61.0
葡萄牙	2.0	2.3	2.6	2.8	3.0	11.1	6.6
阿根廷	—	—	0.4	1.0	1.8	1.1	85.8

续表

国家（地区）	2006年	2007年	2008年	2009年	2010年	年均增长率（%）	2010年同比增长（%）
希腊	0.5	0.8	0.9	0.7	1.2	24.3	57.7
多米尼加共和国	0.3	0.4	0.5	0.6	0.8	34.6	46.8
波多黎各	0.7	0.7	0.8	0.8	0.8	1.7	1.9

资料来源：《BP世界能源统计2011》。

注 数据不包括放空燃烧或回收的天然气。

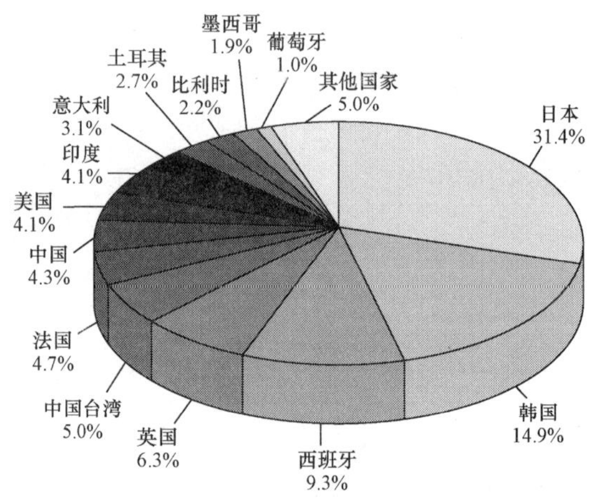

图2-9 2010年主要国家（地区）LNG进口量占比

2006—2010年，世界LNG进出口量呈逐年快速增长态势，年均增长率为9%。其中，进口量年均增长较快的国家是中国和英国，年均增长率分别达到89.2%和51.3%。美国仍坚持以进口管道天然气为主，LNG进口量下降较快，年均降低7.3%。2006—2010年主要国家（地区）LNG进口量变化趋势如图2-10所示。

2010年主要国家LNG出口量占世界总LNG出口量的比例排名前两位的国家是卡塔尔和印度尼西亚，达25.5%和10.5%。2006—

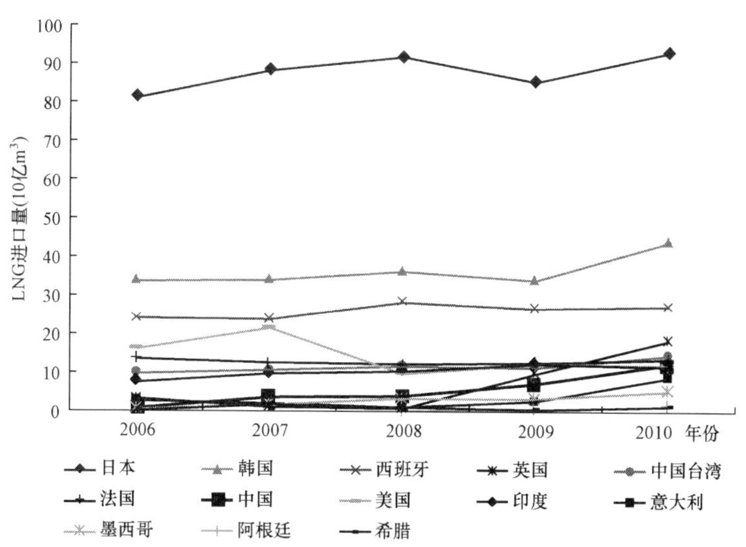

图 2-10 2006—2010 年主要国家（地区）LNG 进口量变化趋势

2010 年世界及主要国家（地区）LNG 出口量如表 2-6 所示，2010 年主要国家（地区）LNG 出口量占比如图 2-11 所示。

表 2-6 2006—2010 年世界及主要国家（地区）LNG 出口量 10 亿 m^3

国家（地区）	2006 年	2007 年	2008 年	2009 年	2010 年	年均增长率（%）	2010 年同比增长（%）
世界合计	211.1	226.4	226.5	242.8	297.6	9.0	22.6
卡塔尔	31.1	38.5	39.7	49.4	75.7	24.9	53.2
印度尼西亚	29.6	27.7	26.8	26.0	31.4	1.5	20.6
马来群岛	28.0	29.8	29.4	29.5	30.5	2.2	3.4
澳大利亚	18.0	20.2	20.2	24.2	25.4	8.9	4.6
尼日利亚	17.6	21.2	20.5	16.0	23.9	8.0	49.5
特立尼达和多巴哥	16.3	18.2	17.4	19.7	20.4	5.8	3.2

续表

国家（地区）	2006年	2007年	2008年	2009年	2010年	年均增长率（%）	2010年同比增长（%）
阿尔及利亚	24.7	24.7	21.9	20.9	19.3	－5.9	－7.6
俄罗斯	—	—	—	6.6	13.4	—	102.7
阿曼	11.5	12.2	10.9	11.5	11.5	－0.1	－0.4
埃及	15.0	13.6	14.1	12.8	9.7	－10.3	－24.2
文莱	9.8	9.4	9.2	8.8	8.8	－2.6	0.2
阿联酋	7.1	7.6	7.5	7.0	7.9	2.8	12.8
挪威	—	0.1	2.2	3.2	4.7	2.2	48.4
美国	1.7	1.2	1.0	0.9	1.6	－1.2	89.8
利比亚	0.7	0.8	0.5	0.7	0.3	－17.1	－52.8

资料来源：《BP世界能源统计2011》。

注 数据不包括放空燃烧或回收的天然气。

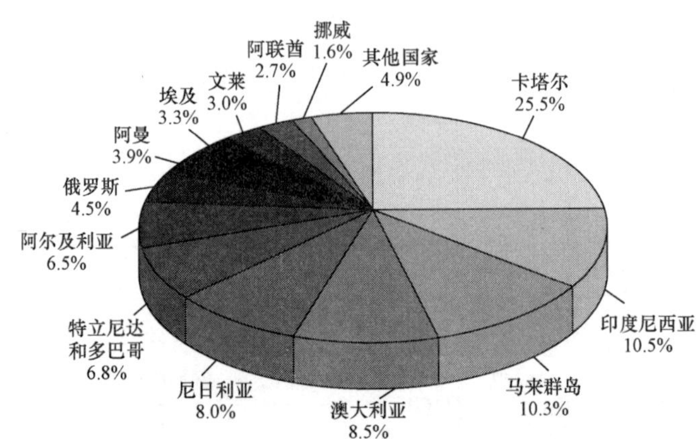

图2-11 2010年主要国家（地区）LNG出口量占比

出口量增长较快的国家是卡塔尔和澳大利亚，年均增长率分别为24.9%和8.9%。利比亚和埃及LNG出口量下降幅度较大，年均降低17.1%和10.3%。2006—2010年主要国家（地区）LNG出口量变

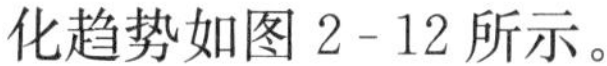
化趋势如图 2-12 所示。

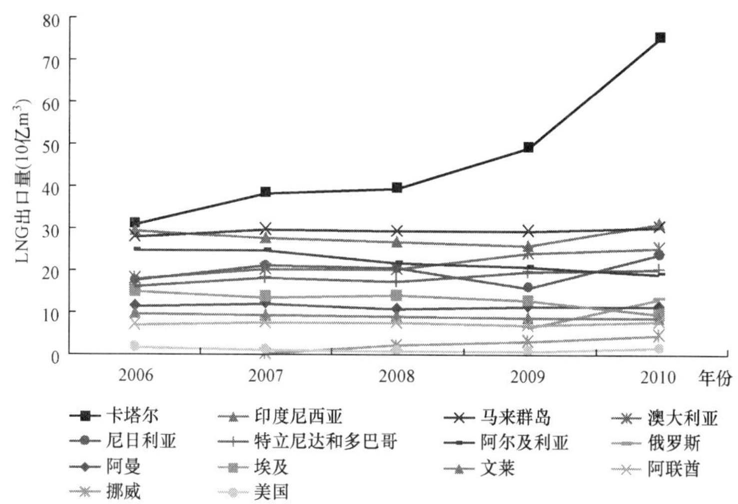

图 2-12 2006—2010 年主要国家（地区）LNG 出口量变化趋势

2.2 国际天然气市场价格分析

目前国际上形成了北美、亚太和欧洲三大天然气贸易市场，其天然气定价机制分别是完全市场化、价格管制和石油价格指数挂钩定价机制。

2010 年，北美页岩气产量的继续攀升使其天然气价格仍然疲软，欧洲大陆的天然气平均价格也在走低，部分原因是合同价格条款的变化。面对强劲的消费增长，全球 LNG 和英国现货价格增长更为强势。

2.2.1 北美天然气市场

美国，2010 年天然气进口量为 1055.3 亿 m^3，比 2009 年下降 1%，其中管道气进口量为 933 亿 m^3，占总进口量的 88%；LNG 进口量为 122.3 亿 m^3，占总进口量的 12%。

2010 年，美国进口天然气价格受天然气储气能力、天气和季节性因素、管道天然气供需形势、非常规天然气开发政策等的影响，进口管道天然气价格水平呈稳步下行趋势，而进口 LNG 价格全年波动较大，2010 年全年美国天然气进口价格月均降低 2.17%。2010—2011 年美国进口天然气价格走势如表 2-7 和图 2-13 所示。

表 2-7　　2010—2011 年美国进口天然气价格走势　　美元/mcf[①]

时　间	进口天然气价格	进口管道天然气价格	进口 LNG 价格
2010 年 1 月	5.95	5.98	5.78
2010 年 2 月	5.62	5.63	5.74
2010 年 3 月	4.87	4.91	4.87
2010 年 4 月	4.13	4.13	4.25
2010 年 5 月	4.13	4.1	4.24
2010 年 6 月	4.24	4.21	4.2
2010 年 7 月	4.4	4.33	4.8
2010 年 8 月	4.14	4.04	4.93
2010 年 9 月	3.76	3.65	4.6
2010 年 10 月	3.83	3.72	4.78
2010 年 11 月	3.97	3.85	5.09
2010 年 12 月	4.56	4.51	5.41
2011 年 1 月	4.66	4.55	5.56
2011 年 2 月	4.48	4.43	4.99
2011 年 3 月	4.24	4.09	5.35
2011 年 4 月	4.35	4.21	5.42
2011 年 5 月	4.31	4.26	4.63
2011 年 6 月	4.6	4.37	6.66
2011 年 7 月	4.39	4.31	5.5
2011 年 8 月	4.4	4.09	6.99

续表

时　间	进口天然气价格	进口管道天然气价格	进口 LNG 价格
2011 年 9 月	3.92	3.87	4.48
2011 年 10 月	4.06	3.66	7.41
2011 年 11 月	3.59	3.55	4.2
2011 年 12 月	3.66	3.48	5.57
2011 年月均增长率	－2.17%	－2.41%	0.02%

资料来源：IEA 统计数据。

① 千立方英尺，1mcf＝28.317m³。

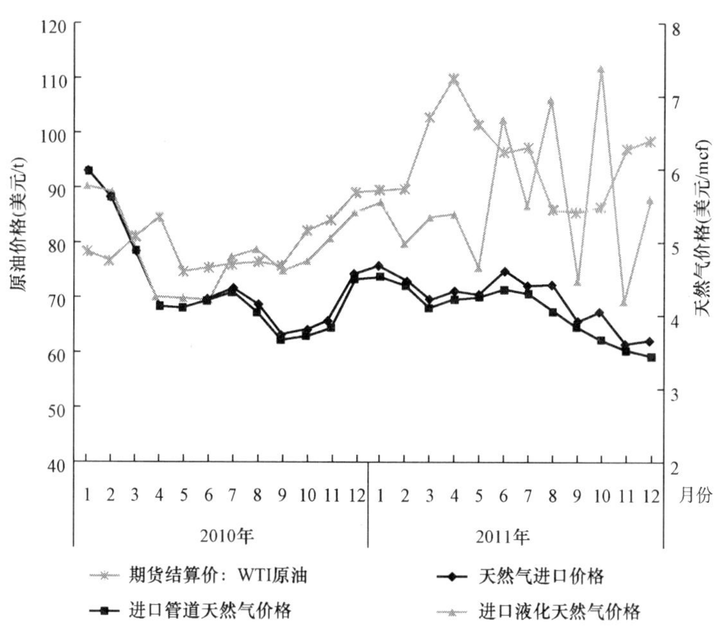

图 2-13　2010—2011 年美国进口天然气价格走势

2.2.2　亚太地区天然气市场

日本，2010 年进口 LNG 价格受到地震灾害的影响，除 5—6 月出现明显下降外，全年保持强劲的上升态势，月均增长 4.8%。2010—2011 年日本进口印度尼西亚 LNG 价格走势如表 2-8 和图 2-14 所示。

表 2-8　　2010—2011 年日本进口印度尼西亚 LNG 价格走势　　美元/(1000m³)

时间	价格	时间	价格
2010 年 1 月	196.51	2011 年 1 月	227.44
2010 年 2 月	189.57	2011 年 2 月	250.17
2010 年 3 月	192.94	2011 年 3 月	256.27
2010 年 4 月	196.51	2011 年 4 月	303.19
2010 年 5 月	211.24	2011 年 5 月	331.38
2010 年 6 月	195.25	2011 年 6 月	342.74
2010 年 7 月	191.25	2011 年 7 月	342.74
2010 年 8 月	186.20	2011 年 8 月	372.41
2010 年 9 月	188.94	2011 年 9 月	374.09
2010 年 10 月	200.30	2011 年 10 月	370.30
2010 年 11 月	200.30	2011 年 11 月	376.41
2010 年 12 月	200.30	2011 年 12 月	379.77
2010 年月均增长率	0.2%	2011 年月均增长率	4.8%

资料来源：Wind 资讯。

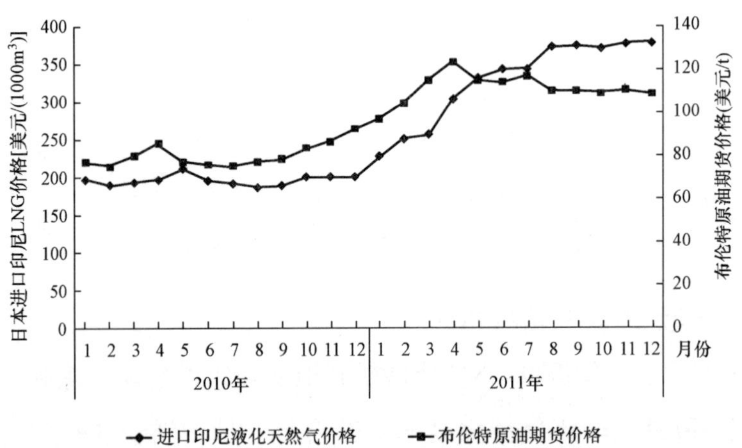

图 2-14　2010—2011 年日本进口印度尼西亚 LNG 价格走势

我国天然气价格改革始于 2005 年。当年 12 月，经国务院批准，国家发展改革委出台了《关于改革天然气出厂价格形成机制及近期适当提高天然气出厂价格的通知》，拉开了我国天然气产业价格改革的序幕。经过 2005、2007、2010 年三次天然气价格改革及调整，到 2011 年 12 月 26 日国家发展改革委出台了《关于在广东省、广西自治区开展天然气价格形成机制改革试点的通知》（发改价格〔2011〕3033 号），明确了在广东、广西两省（区）开展天然气价格形成机制改革试点，释放出了中国能源价格改革进一步提速的积极信号。

我国现行天然气价格机制已不能适应形势变化。改革前我国天然气定价机制实行成本加成的定价机制，由政府定的出厂价加上输送价格形成门站价格，再由门站价格加上城市内的输送费用形成最终的价格。这种定价机制已不能适应形势变化：一是不能适应目前我国天然气多气源、多管线相互调剂、联合供气格局；二是天然气价格主要依据成本变化而调整，难以反映供求关系和能源稀缺程度；三是天然气与相关能源比价关系不合理，不利于能源资源的优化配置。

天然气价格改革试点建立天然气出厂价格与可替代能源价格挂钩的机制。天然气价格改革试点的主要思路是将现行以“成本加成”为主的定价方法，改为按“市场净回值”方法定价，即将天然气中心市场门站价格与由市场竞争形成的可替代能源价格挂钩，在此基础上倒扣管道运输费后回推确定天然气出厂价格，实现与可替代能源价格挂钩机制。

天然气价格改革试点的门站价格实行政府指导价，并建立动态调整机制。各省（区、市）天然气门站价格以计价基准点（中心市场门站）价格为基础，综合考虑天然气主体流向和管输费用来确定。上海市场被选取作为计价基准点，其门站价格以进口燃料油和液化石油气（LPG）价格为基础，按照 60%和 40%的权重加权计算，并按 0.9 的折价系数确定。中心市场门站价格根据可替代能源价格变化情况实行动态调整，每年调整一次，并逐步过渡到每半年或每季度调整。

天然气价格改革试点的门站交易价格实行市场供需双方协商定价，终端用户销售价格与上游价格联动。国家制定的统一门站价格为最高上限价格，供需双方可在不超过这一价格水平的前提下，自主协商确定实际交易价格。门站价格以下销售价格由地方价格主管部门管理，建立上下游价格联动机制并对机制进行听证。

2010 年我国天然气出厂价格如表 2 - 9 所示，我国规定的天然气管道运输价格如表 2 - 10 所示。

表 2 - 9　　2010 年我国天然气出厂价格　　元/(1000m³)

油气田	用户分类	调前基准价	调后基准价
川渝气田	化肥	690	920
	直供工业	1275	1505
	城市燃气（工业）	1320	1550
	城市燃气（除工业）	920	1150
长庆油田	化肥	710	940
	直供工业	1125	1355
	城市燃气（工业）	1170	1400
	城市燃气（除工业）	770	1000
青海油田	化肥	660	890
	直供工业	1060	1290
	城市燃气（工业）	1060	1290
	城市燃气（除工业）	660	890
新疆各油田	化肥	560	790
	直供工业	985	1215
	城市燃气（工业）	960	1190
	城市燃气（除工业）	560	790

续表

油气田	用户分类	调前基准价			调后基准价
		一档气	二档气	平均	
大港、辽河、中原油田	化肥	660	980	710	940
	直供工业	1320	1380	1340	1570
	城市燃气（工业）	1230	1380	1340	1570
	城市燃气（除工业）	830	980	940	1170
其他油田	化肥	980			1210
	直供工业	1380			1610
	城市燃气（工业）	1380			1610
	城市燃气（除工业）	980			1210
西气东输	化肥	560			790
	直供工业	960			1190
	城市燃气（工业）	960			1190
	城市燃气（除工业）	560			790
忠武线	化肥	911			1141
	直供工业	1311			1541
	城市燃气（工业）	1311			1541
	城市燃气（除工业）	911			1141
陕京线	化肥	830			1060
	直供工业	1230			1460
	城市燃气（工业）	1230			1460
	城市燃气（除工业）	830			1060
川气东送		1280			1510

表 2-10　　国家规定的天然气管道运输价格　　元/m^3

运价（km）	1976—1991 年	1991—1997 年	1997—2010 年	2010 年以后
50 以内	0.030	0.033	0.036	0.116

续表

运价（km）	1976—1991年	1991—1997年	1997—2010年	2010年以后
51～100	0.035	0.038	0.041	0.121
101～200	0.040	0.043	0.047	0.127
201～250	0.050	0.053	0.058	0.138
251～300	0.055	0.058	0.063	0.143
301～350	0.060	0.063	0.068	0.148
351～400	0.065	0.068	0.074	0.154
401～450	0.070	0.073	0.079	0.159
451～500	0.075	0.078	0.085	0.165

2.2.3 欧洲天然气市场

受原油期货价格上涨的影响，2010年1—4月，俄罗斯出口德国管道天然气价格呈上涨趋势，进入5月，由于国际原油期货价格受到欧洲债务危机、美国原油库存持续攀升等因素的影响，原油期货价格出现下降，带动与其挂钩的俄罗斯出口德国的管道天然气价格回落。2010年6月至2011年12月，在国际原油价格上涨的影响下，俄罗斯出口德国的管道天然气价格再次呈现阶梯式上涨态势，月均增长率为2.5%。2010—2011年俄罗斯出口德国管道天然气价格走势如表2-11和图2-15所示。

表2-11 2010—2011年俄罗斯出口德国管道天然气价格走势 美元/（1000m³）

时　间	价格	时　间	价格
2010年1月	273.24	2010年5月	283.32
2010年2月	273.24	2010年6月	290.16
2010年3月	273.24	2010年7月	305.28
2010年4月	300.60	2010年8月	308.52

续表

时　　间	价格	时　　间	价格
2010 年 9 月	305.64	2011 年 5 月	360.72
2010 年 10 月	311.04	2011 年 6 月	360.00
2010 年 11 月	313.56	2011 年 7 月	403.20
2010 年 12 月	314.28	2011 年 8 月	399.96
2010 年月均增长率	1.17%	2011 年 9 月	399.96
2011 年 1 月	330.84	2011 年 10 月	435.96
2011 年 2 月	329.04	2011 年 11 月	432.72
2011 年 3 月	328.32	2011 年 12 月	435.96
2011 年 4 月	361.08	2011 年月均增长率	2.50%

资料来源：Wind 资讯。

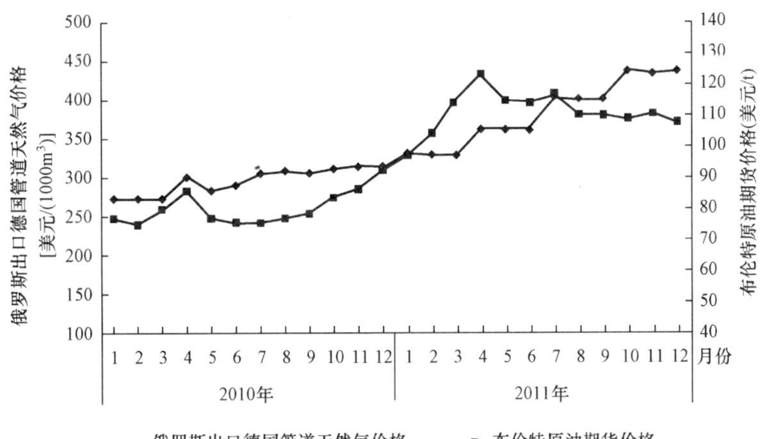

图 2-15　2010—2011 年俄罗斯出口德国管道天然气价格走势

2.3　工业用天然气价格分析

2010 年工业用天然气价格水平较高的国家为瑞典和瑞士，其工业用天然气价格分别为 662.7 美元/(10^7kcal) 和 661.6 美元/(10^7kcal)；价格水平较低的国家分别为哈萨克斯坦和俄罗斯，其工业用天然气价格分别为 74.4 美元/(10^7kcal) 和 109 美元/(10^7kcal)。2010 年我国工业用天然气价格为 432.8 美元/(10^7kcal)，在国际处于中等水平。2010 年部分国家（地区）工业用天然气价格水平及比较如表 2-12 和图 2-16 所示。

表 2-12　　2010 年部分国家（地区）工业用天然气价格水平

美元/(10^7kcal)

国家（地区）	2010 年	国家（地区）	2010 年
瑞典	662.7	爱尔兰	431.2
瑞士	661.6	爱沙尼亚	423.9
韩国	610.3	荷兰	413.9
中国台湾	600.9	土耳其	407.3
斯洛文尼亚	600.2	西班牙	390.4
葡萄牙	555.5	保加利亚	381.7
斯洛伐克	534.7	比利时	354.9
捷克	530.5	芬兰	350.4
克罗地亚	520.4	英国	303.3
希腊	517.6	泰国	286.8
法国	484.4	罗马尼亚	255.2
意大利	483.0	新西兰	234.0
立陶宛	460.3	美国	207.4
波兰	454.8	加拿大	160.1
卢森堡	449.7	俄罗斯	109.0
中国	432.8	哈萨克斯坦	74.4

资料来源：IEA 统计数据。

从总体变化趋势上看，2006—2010 年部分国家（地区）工业用天然气价格变化趋势地区间差异较大，以加拿大和美国为代表的北美天然气市场工业用天然气价格呈逐年下降趋势，而亚太地区和欧洲市

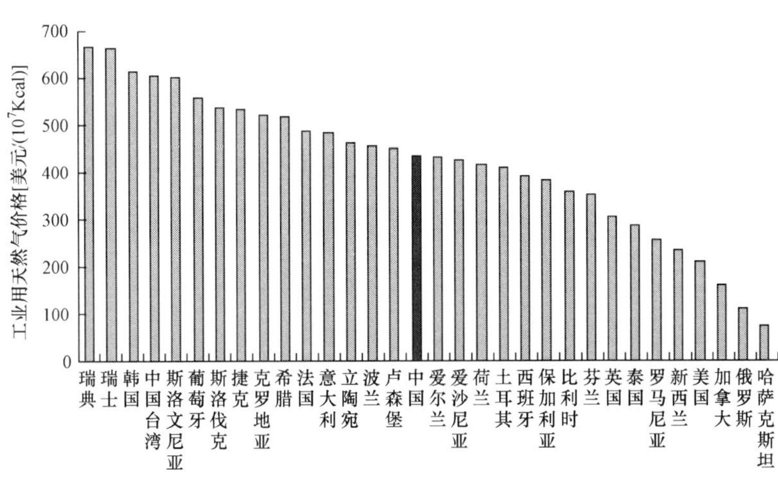

图 2-16　2010 年部分国家（地区）工业用天然气价格水平比较

场大部分国家天然气价格呈现逐年上涨趋势。2006—2010 年部分国家（地区）工业用天然气价格及变化趋势如表 2-13 和图 2-17 所示。

表 2-13　2006—2010 年部分国家（地区）工业用天然气价格趋势比较　本币元/(10^7kcal)

国家（地区）	2006 年	2007 年	2008 年	2009 年	2010 年	年均增长率（%）	2010 年同比增长（%）
俄罗斯	1689.9	1961.7	2467.6	2706.2	3295.7	18.2	21.8
波兰	912.9	1036.9	1281.4	1349.6	1371.2	10.7	1.6
韩国	471 525.6	511 693.2	549 949.5	611 362.5	704 896.5	10.6	15.3
中国台湾	13 460.6	15 617.7	20 447.8	17 369.4	19 031.1	9.0	9.6
哈萨克斯坦	7871.2	8239.9	8957.5	11 220.3	10 954.7	8.6	−2.4
中国	2156.0	2307.3	2623.5	2806.8	2946.2	8.1	5.0
芬兰	197.7	195.6	254.6	239.6	264.6	7.5	10.4
葡萄牙	318.0	313.0	374.8	348.6	419.4	7.2	20.3
克罗地亚	2340.4	2340.4	1918.4	2217.5	2875.2	5.3	29.7
土耳其	504.4	573.0	744.2	723.4	610.5	4.9	−15.6

续表

国家（地区）	2006年	2007年	2008年	2009年	2010年	年均增长率（%）	2010年同比增长（%）
瑞士	611.0	691.9	808.0	764.9	690.0	3.1	−9.8
泰国	8239.3	7958.3	10 218.8	9930.0	9251.2	2.9	−6.8
捷克	9088.0	7947.6	10 488.8	10 058.4	10 121.9	2.7	0.6
法国	328.5	302.3	415.4	316.0	365.7	2.7	15.7
斯洛伐克	372.8	344.2	441.3	372.0	403.7	2.0	8.5
西班牙	282.9	277.6	332.8	312.3	294.8	1.0	−5.6
意大利	362.0	358.5	442.2	401.5	364.7	0.2	−9.2
英国	208.2	166.5	243.5	207.5	196.5	−1.4	−5.3
爱尔兰	371.3	—	421.5	348.1	325.6	−3.2	−6.5
新西兰	373.9	378.8	341.4	370.6	324.8	−3.5	−12.4
美国	302.0	293.8	371.3	202.8	207.4	−9.0	2.3
加拿大	308.4	232.1	376.3	196.9	164.9	−14.5	−16.3

资料来源：1. 中国：2006－2010年数据来源于国家发展改革委价格监测中心《能源市场价格行情》。
2. 其他国家：《ENERGY PRICE & TAXES，2nd Quarter 2011》。

2006－2010年，工业用天然气价格年均增长较快的国家为俄罗斯、波兰和韩国，年均增长率分别为18.2%、10.7%和10.6%；工业用天然气价格下降较快的国家为加拿大和美国，加拿大工业用天然气价格年均降低14.5%，美国由于近几年天然气产量的大幅上涨、页岩气开发力度加大和储气能力的大幅提高，工业用天然气价格呈现逐年下降趋势，2006－2010年年均降低9%。中国工业用天然气价格近五年有较大幅度的提高，年均增长达8%。**总体来看，中国工业用天然气价格增长率在国际上处于中等水平**。

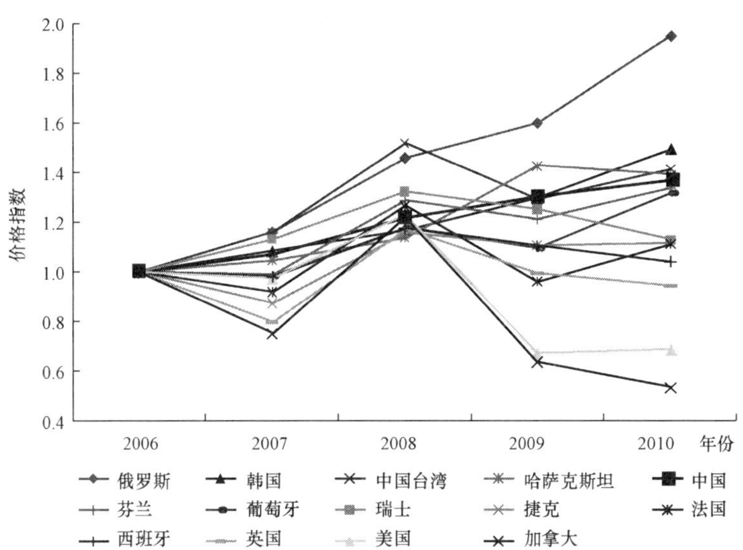

图 2-17 2006—2010 年部分国家（地区）工业用天然气价格变化趋势比较

2.4 居民用天然气价格分析

2010 年，居民用天然气价格水平较高的国家为瑞典和丹麦，其居民用天然气价格分别为 1636.5 美元/(10^7kcal）和 1449.4 美元/(10^7kcal)；价格水平较低的国家分别为哈萨克斯坦和中国，居民用天然气价格分别为 77.5 美元/(10^7kcal）和 387.0 美元/(10^7kcal)。我国居民用天然气价格在国际处于较低水平。2010 年部分国家（地区）居民用天然气价格水平如表 2-14 和图 2-18 所示。

表 2-14 2010 年部分国家（地区）居民用天然气价格水平 美元/(10^7kcal)

国家（地区）	2010 年	国家（地区）	2010 年
瑞典	1636.5	意大利	1093.6
丹麦	1449.4	希腊	1084.7
智利	1359	瑞士	1015.7

续表

国家（地区）	2010 年	国家（地区）	2010 年
新西兰	1009.5	英国	745.2
荷兰	1001.2	韩国	655.5
斯洛文尼亚	962.7	中国台湾	584.5
奥地利	946.6	土耳其	526.4
葡萄牙	942.2	芬兰	496.5
比利时	872.9	墨西哥	453.4
法国	864.0	加拿大	430.8
西班牙	859.1	美国	429.5
爱尔兰	822.8	罗马尼亚	425.3
捷克	797.3	中国	387.0
波兰	772.9	哈萨克斯坦	77.5

资料来源：IEA 统计数据。

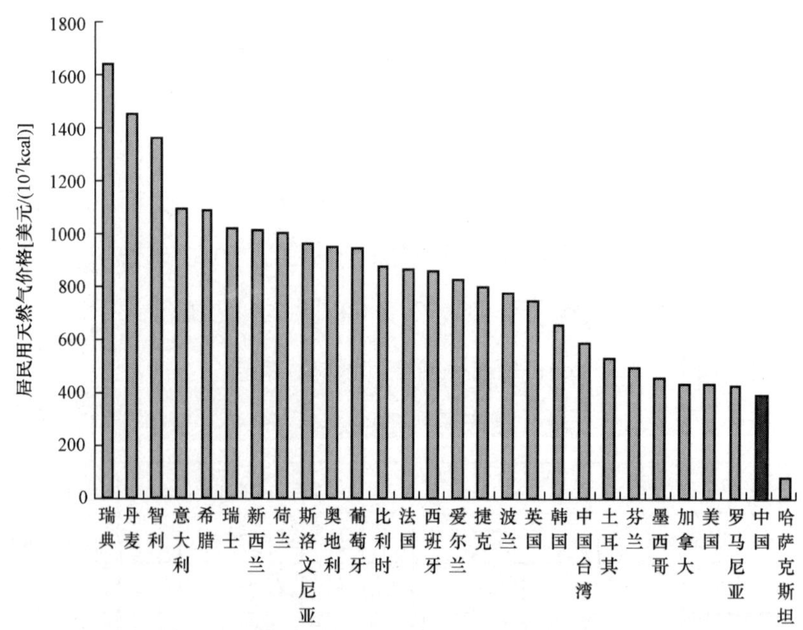

图 2-18　2010 年部分国家（地区）居民用天然气价格水平比较

从总体变化趋势上看，2006—2010年，绝大部分国家（地区）居民用天然气价格呈现上涨趋势，而加拿大、美国和墨西哥、爱尔兰、葡萄牙、斯洛伐克呈现下降趋势。2006—2010年，居民用天然气价格增长较快的国家为智利和英国，年均增长率分别为10.3%和8.4%；加拿大和美国近年来居民用天然气价格下降较快，年均降幅分别为5.1%和5%。中国居民用天然气价格近五年基本保持平稳上涨态势，年均增长率为3.6%，增速较慢。总体来看，中国居民用天然气价格增长率在国际上处于中等偏下水平。2006—2010年部分国家（地区）居民用天然气价格及变化趋势如表2-15和图2-19所示。

表2-15　　2006—2010年部分国家（地区）居民用天然气价格比较　　本币元/(10^7kcal)

国家（地区）	2006年	2007年	2008年	2009年	2010年	年均增长率（%）	2010年同比增长（%）
智利	468 820.5	507 997.6	718 453.9	620 088.0	693 062.8	10.3	11.8
英国	349.3	376.9	450.9	512.7	482.9	8.4	−5.8
克罗地亚	2340.4	2340.4	2340.4	2697.0	3234.6	8.4	19.9
哈萨克斯坦	8412.1	9028.3	9946.4	10 891.4	11 415.8	7.9	4.8
波兰	1720.6	1903.7	2249.3	2500.8	2330.3	7.9	−6.8
芬兰	280.8	280.0	356.1	341.6	374.9	7.5	9.7
土耳其	594.0	675.5	856.3	880.2	789.1	7.4	−10.4
韩国	610 708.0	662 005.4	698 034.0	737 842.5	757 102.5	5.5	2.6
捷克	12 277.7	11 719.5	14 499.2	15 525.8	15 212.5	5.5	−2.0
新西兰	1145.4	1335.4	1593.2	1499.8	1401.2	5.2	−6.6
法国	563.4	573.6	629.6	610.5	652.3	3.7	6.9
中国	2290.6	2357.7	2427.3	2551.1	2634.5	3.6	3.3
奥地利	625.6	683.3	700.6	750.3	714.7	3.4	−4.7

续表

国家（地区）	2006年	2007年	2008年	2009年	2010年	年均增长率（%）	2010年同比增长（%）
卢森堡	445.3	—	594.6	512.5	508.6	3.4	－0.8
意大利	746.5	741.8	788.4	762.8	825.7	2.6	8.2
瑞士	958.9	1056.2	1185.4	1114.9	1059.4	2.5	－5.0
西班牙	603.2	633.6	702.3	666.6	648.6	1.8	－2.7
荷兰	717.1	752.8	848.1	837.1	755.9	1.3	－9.7
葡萄牙	811.6	784.8	729.4	691.0	711.4	－3.2	2.9
爱尔兰	730.8	802.6	707.2	732.3	621.2	－4.0	－15.2
墨西哥	6782.0	6902.3	4993.0	5678.1	5727.3	－4.1	0.9
美国	528.2	500.7	533.5	459.5	429.5	－5.0	－6.5
加拿大	546.1	519.3	539.4	454.0	443.7	－5.1	－2.3

资料来源：1. 中国：2006－2010年数据来源于国家发展改革委价格监测中心《能源市场价格行情》。
2. 其他国家：《ENERGY PRICE & TAXES，2nd Quarter 2011》。

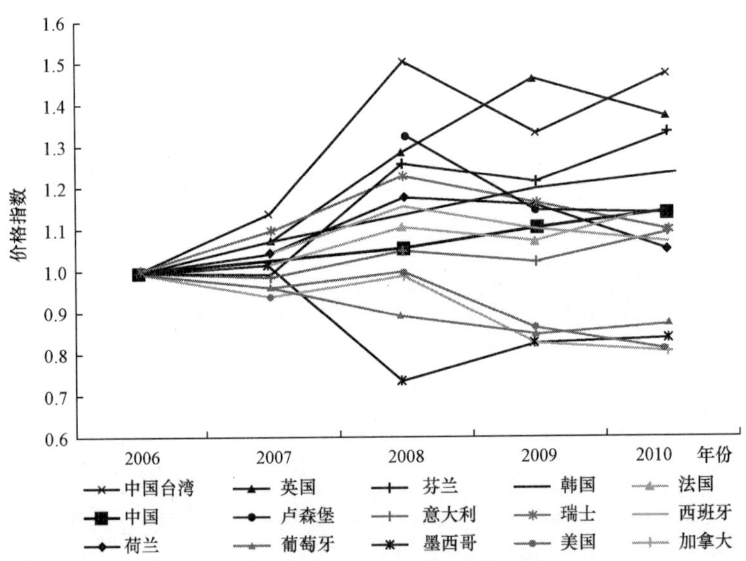

图2-19 2006—2010年部分国家（地区）居民用天然气价格变化趋势比较

2.5 进口液化天然气价格分析

2010 年，日本和韩国的进口 LNG 价格在所列国家中仍然处于较高水平，分别为 11.03 美元/MBtu 和 10.17 美元/MBtu。我国进口 LNG 价格在国际处于中等偏下水平。2009—2010 年，受国际油价、市场供求关系、气候变化及 LNG 储备情况的影响，除葡萄牙、韩国和英国外，各国进口 LNG 价格均呈现大幅上涨趋势，其中我国进口 LNG 价格涨幅最大，2010 年同比上涨 41%。2010 年部分国家（地区）进口 LNG 价格如表 2-16 和图 2-20 所示。

表 2-16 2010 年部分国家（地区）进口 LNG 价格水平 美元/MBtu

国家（地区）	2009 年	2010 年	2010 年同比增长（%）
日本	9.42	11.03	17
韩国	10.5	10.17	-3
意大利	7.86	8.87	13
西班牙	6.7	7.14	7
葡萄牙	7.34	7.12	-3
欧盟	6.22	6.85	10
英国 NBP①	4.85	6.56	35
中国	4.4	6.22	41
美国 Henry Hub	3.89	4.39	13
英国	4.43	3.58	-19

资料来源：1. 中国数据来源于 World Gas Intelligence，December 8，2010。
2. 英国 NBP 平衡点价格、美国 Henry Hub 价格、日本价格数据来源于 BP2011 年统计。
3. 其他国家数据资料来源于《ENERGY PRICE & TAXES，2nd Quarter 2011》。

① NBP，National Balancing Bint 平衡点。

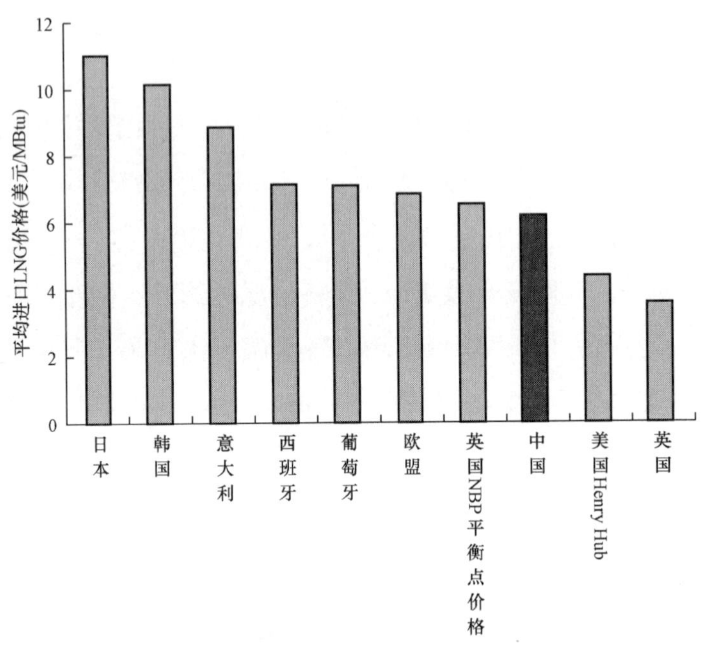

图 2-20 2010 年部分国家（地区）进口 LNG 价格水平

2.6 国际天然气现货平均价格展望

高盛预测：2012 年，政策推动燃料转换的影响将逐步开始显现，联邦法院要求推迟实施跨州空气污染规则（CSAPR），因此市场将完全依赖于较低价格来实现煤炭向天然气的转换，但 CSAPR 对美国天然气价格的影响仍然较弱，因此将天然气预期价格从 4.25 美元降至 3.7 美元；2013 年将是过渡之年，美国页岩气产量增速放缓、经济增速改善及出台的环保政策，特别是 CSAPR 和最大可行污染控制技术（MACT），有望进一步带动燃煤发电减少、燃气发电增加，市场对于价格驱动的依赖性将逐渐下降，进而推动天然气价格走高，预计美国天然气价格为 4.25 美元。

美国能源署（EIA）预测：2012 年美国天然气供应过剩的状况仍

将持续，预计库存量将创历史新高，美国天然气平均价格或将下跌0.17～3.52美元；2013年预计美国天然气价格将达到4.14美元。

综合来看，随着清洁能源的大力发展，天然气的消费需求将会显著增加，2012年预计世界天然气供需将呈现总体平衡、局部趋紧的态势，主要天然气产区政治局势的不稳定增加了天然气供应的不确定性，以及日本灾后重建加大LNG进口消费需求，预计2012年全球天然气价格仍将保持总体震荡上行态势。主要上行的地区预计集中在与油价挂钩定价开展贸易的地区，如欧洲大陆和亚太地区。北美以长期合同为主，同时美国持续增加页岩气开发力度，在库存持续增加的态势下，天然气价格大幅上行的可能性不大，此外考虑当前美国气价太低，将不可持续❶，下半年北美气价趋于稳定的可能性较大。

我国即将发布天然气“十二五”规划，预计天然气定价机制改革方案也将在随后对外发布，改革试点城市有望得到进一步扩大，天然气管道运输到各省的门站价格也有望放开。整体来看，未来我国天然气将进入“量价齐升”的局面。

❶ 美国油气市场变革与全球能源安全，美国国务院能源资源局局长Carlos Pascual，2012。

3

煤炭价格分析

3.1 煤炭的生产、消费与贸易

3.1.1 煤炭生产

2010年，世界煤炭产量37.31亿t石油当量；亚太地区产量25.09亿t石油当量，占全球煤炭产量的67.2%，位居六大地区之首；中国煤炭产量18.00亿t石油当量，约占全球煤炭产量的48.3%，在世界各国中排名第一。与2009年相比，世界煤炭产量增长6.3%。从地区看，亚太地区增长8.4%，中东地区基本维持2009年产出规模；从国家看，印度尼西亚、哈萨克斯坦和中国增幅较大，印度、美国等增幅较小，波兰、德国和乌克兰产量下降。

2006—2010年，世界煤炭产量年均增长3.6%。从地区看，亚太地区增速最快，达6.3%，北美、欧洲及欧亚大陆呈下降趋势；从国家看，印度尼西亚增速最快，达12.1%，详见表3-1。

表3-1　　2006—2010年世界煤炭产量　　百万t石油当量

地区与国家		2006年	2007年	2008年	2009年	2010年	年均增长率（%）	2010年同比增长（%）	2010年占总量比例（%）
世界总计		3237.1	3362.4	3470.3	3511.8	3731.4	3.6	6.3	100.0
地区	亚太地区	1965.6	2090.2	2180.1	2314.8	2509.4	6.3	8.4	67.2
	北美	634.5	629.7	637.8	578.5	591.6	−1.7	2.3	15.9
	欧洲及欧亚大陆	444.9	446.1	452	422.1	430.9	−0.8	2.1	11.5

续表

地区与国家		2006年	2007年	2008年	2009年	2010年	年均增长率（%）	2010年同比增长（%）	2010年占总量比例（%）
地区	非洲	140.3	141.8	144.2	143.1	144.9	0.8	1.3	3.9
	中美及南美	50.8	53.6	55.2	52.4	53.8	1.4	2.6	1.4
	中东	0.9	1	1	1	1	2.7		
国家	中国	1406.4	1501.1	1557.1	1652.1	1800.4	6.4	9.0	48.3
	美国	595.1	587.7	596.7	540.9	552.2	−1.9	2.1	14.8
	澳大利亚	210.3	217.2	220.7	228.8	235.4	2.9	2.9	6.3
	印度	170.2	181	195.6	210.8	216.1	6.2	2.5	5.8
	印度尼西亚	119.2	133.4	147.8	157.6	188.1	12.1	19.4	5.0
	俄罗斯	145.1	148	153.4	142.1	148.8	0.6	4.7	4.0
	南非	138	139.6	142.4	141.2	143	0.9	1.3	3.8
	哈萨克斯坦	49.1	50	56.8	51.5	56.2	3.4	9.2	1.5
	波兰	67	62.3	60.5	56.4	55.5	−4.6	−1.6	1.5
	哥伦比亚	42.6	45.4	47.8	47.3	48.3	3.2	2.1	1.3
	德国	50.3	51.5	47.7	44.4	43.7	−3.5	−1.5	1.2
	乌克兰	41.7	39.9	41.3	38.4	38.1	−2.2	−0.8	1.0

资料来源：《BP世界能源统计2011》。

3.1.2 煤炭消费

2010年，煤炭在世界能源使用量中所占比例上升至29.6%。全球煤炭消费量为35.56亿t石油当量。亚太地区消费23.85亿t石油当量，占世界煤炭消费量的67.1%，为六大地区之首；中国煤炭消费17.14亿t石油当量，占全球煤炭消费量的48.2%，在世界各国中排列第一。与2009年相比，世界煤炭消费量增长7.6%。从地区看，除中东和非洲外，其他地区煤炭消费量都有明显增长，亚太地区增长

9.1%；从国家看，日本、印度、韩国和中国增长较为显著，澳大利亚煤炭消费量下降。

2006—2010年，世界煤炭消费量年均增长3.0%。从地区看，亚太地区增速最快，达5.7%，北美、欧洲及欧亚大陆、中东呈下降趋势；从国家看，印度、韩国和中国等煤炭消费量增长较大，澳大利亚、乌克兰、德国、美国、波兰等国煤炭消费量下降，具体见表3-2。

表3-2　　2006—2010年世界煤炭消费量　　百万t石油当量

地区与国家		2006年	2007年	2008年	2009年	2010年	年均增长率（%）	2010年同比增长（%）	2010年占总量比例（%）
世界总计		3164.5	3305.6	3341.7	3305.6	3555.8	3.0	7.6	100.0
地区	亚太	1908.6	2037.5	2098.4	2185.3	2384.7	5.7	9.1	67.1
	北美	606.1	614.7	599.9	528.1	556.3	−2.1	5.3	15.6
	欧洲及欧亚大陆	527.2	528.3	517.8	466.4	486.8	−2.0	4.4	13.7
	非洲	92.6	93.1	92.7	94.1	95.3	0.7	1.3	2.7
	中美及南美	21	22.6	24.2	22.9	23.8	3.2	3.9	0.7
	中东	9.1	9.3	8.7	8.8	8.8	−0.8	0.1	0.2
国家（地区）	中国	1343.9	1438.4	1479.3	1556.8	1713.5	6.3	10.1	48.2
	美国	565.7	573.3	564.1	496.2	524.6	−1.9	5.7	14.8
	印度	195.4	210.3	230.4	250.6	277.6	9.2	10.8	7.8
	日本	119.1	125.3	128.7	108.8	123.7	1.0	13.7	3.5
	俄罗斯	96.7	93.5	100.4	91.9	93.8	−0.8	2.1	2.6
	南非	84	85.1	84.7	87.7	88.7	1.4	1.1	2.5
	德国	83.5	85.7	80.1	71.7	76.5	−2.2	6.7	2.2
	韩国	54.8	59.7	66.1	68.6	76	8.5	10.8	2.1
	波兰	58	57.9	56	51.9	54	−1.8	3.9	1.5

续表

地区与国家		2006 年	2007 年	2008 年	2009 年	2010 年	年均增长率（%）	2010 年同比增长（%）	2010 年占总量比例（%）
国家（地区）	澳大利亚	55.6	54.2	51.8	51.7	43.4	−6.0	−16.1	1.2
	中国台湾	39.6	41.8	40.2	38.7	40.3	0.4	4.0	1.1
	印尼	30.1	37.8	30.1	34.6	39.4	7.0	13.7	1.1
	乌克兰	39.8	39.7	40.3	35	36.4	−2.2	4.2	1.0

资料来源：《BP 世界能源统计 2011》。

3.1.3 煤炭贸易

2011 年，我国全年进口煤炭 18 240 万 t，同比增长 11%，超越日本，成为世界第一大煤炭进口国，出口煤炭 1466 万 t，规模继续减小，同比下降 23.0%，煤炭进出口量继续呈现两极分化的趋势，全年维持净进口格局，净进口煤炭 16 774 万 t。

从进口情况看，近年来煤炭进口呈现规模逐年增加、品种逐步优化、来源日趋广泛等特点。2011 年，12 月煤炭进口量（2138 万 t）最高，2 月煤炭进口量（676 万 t）最低；印度尼西亚为我国最大煤炭进口国，澳大利亚、越南、蒙古和俄罗斯紧随其后，我国从上述五国进口的煤炭占进口总量的 71.2%，详见图 3-1 及表 3-3。

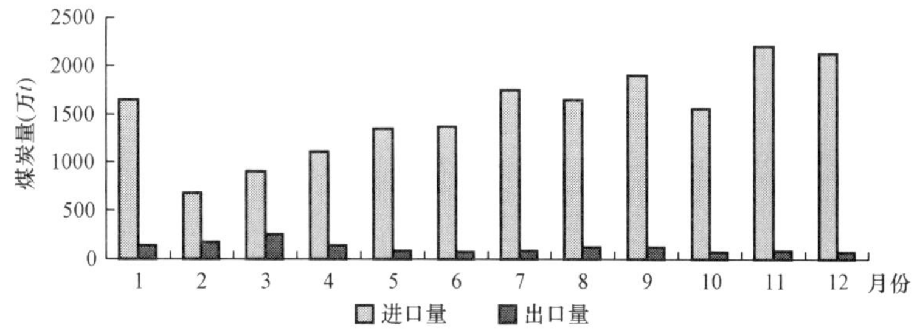

图 3-1 2011 年我国各月煤炭进出口量

资料来源：中国煤炭市场网。

表 3-3 2011 年我国主要煤炭进出口国家（地区）情况

对外进出口国家（地区）		煤炭量（万/t）	价格（美元/t）
出口	日本	119.50	190.5
	韩国	104.28	184.2
	中国台湾	34.94	158.9
	朝鲜	4.79	234.5
	印度	4.70	271.4
进口	印度尼西亚	634.78	98.1
	澳大利亚	514.77	158.1
	越南	183.01	82.9
	蒙古	159.46	79.1
	俄罗斯	157.78	149.2

资料来源：中国煤炭市场网。

从出口情况看，由于受出口配额及国际市场价格下行影响，我国煤炭出口处于低迷态势，并且出口地区相对较为集中。2011 年，3 月煤炭出口量（259 万 t）最高，6 月煤炭出口量（71 万 t）最低；主要出口地区为日本、韩国和中国台湾等地，详见图 3-1 及表 3-3。

3.2 国内外煤炭市场价格

3.2.1 中国国内煤炭市场价格

2011 年，我国煤炭消费量比 2010 年增加 2.3 亿 t 标准煤，受需求增长及相关政策等影响，年内煤炭市场价格总体呈上涨态势。

（一）中国市场交易煤平均价格

2011 年，全国市场交易煤平均价格由 1 月的 755.7 元/t 上涨到 12 月的 790.5 元/t，涨幅达 34.8 元/t，期间有两次回落。2010—2011 年全国市场交易煤平均价格走势如图 3-2 所示。

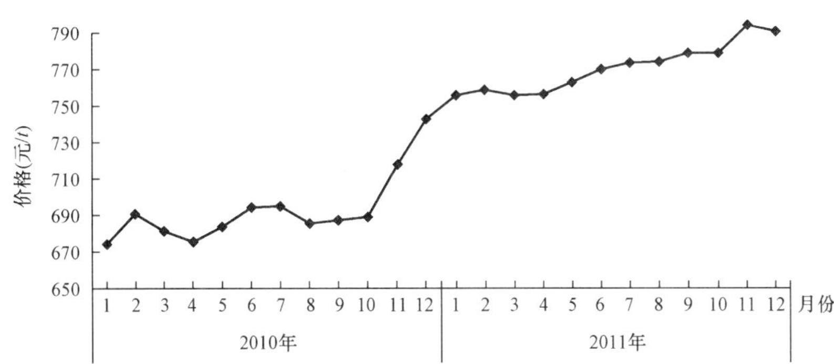

图 3-2 2010—2011 年全国市场交易煤平均价格

资料来源：中国煤炭市场网。

1—2 月，价格在 2010 年基础上有所上升，1 月价格比 2010 年末增长约 16.0 元/t；3 月，国家控制的重点合同电煤价格趋于稳定，影响市场交易煤价格有小幅回落；4—11 月，市场交易煤价格持续上扬，由 4 月的 756.5 元/t 涨至 11 月的 794.3 元/t，其中 11 月的煤价高位上涨 15.6 元/t；到 12 月，受国家发展改革委出台对电煤限价政策影响，市场交易煤价格出现小幅下调，下降至 790.5 元/t 左右。

（二）秦皇岛动力煤价格

2011 年，我国秦皇岛动力煤价格变化与全国市场交易煤平均价格变化基本一致，年内价格小幅上涨，呈波动走势。从大同优混、山西优混、山西大混、普通混煤四种动力煤平仓价格走势看，年内价格分别上涨 35、30、20、15 元/t。2011 年部分典型交易日秦皇岛动力煤平仓价格如表 3-4 和图 3-3 所示。

表 3-4 2011 年部分典型交易日秦皇岛动力煤平仓价格行情 元/t

交　易　日	大同优混	山西优混	山西大混	普通混煤
2011 年 1 月 17 日	840	785	690	600
2011 年 1 月 31 日	830	780	685	600

续表

交　易　日	大同优混	山西优混	山西大混	普通混煤
2011 年 2 月 14 日	830	780	680	590
2011 年 2 月 28 日	830	775	680	590
2011 年 3 月 14 日	830	775	675	590
2011 年 3 月 28 日	825	770	675	585
2011 年 4 月 11 日	840	785	690	595
2011 年 4 月 25 日	840	795	695	600
2011 年 5 月 16 日	870	825	715	620
2011 年 5 月 30 日	880	835	725	630
2011 年 6 月 13 日	900	840	735	640
2011 年 6 月 27 日	905	845	740	645
2011 年 7 月 11 日	905	845	740	640
2011 年 7 月 25 日	895	835	730	630
2011 年 8 月 15 日	885	825	715	615
2011 年 8 月 29 日	880	825	715	615
2011 年 9 月 12 日	880	825	715	615
2011 年 9 月 26 日	885	835	730	625
2011 年 10 月 17 日	900	850	750	650
2011 年 10 月 31 日	905	855	755	655
2011 年 11 月 14 日	905	860	755	655
2011 年 11 月 28 日	900	845	745	645
2011 年 12 月 12 日	895	835	735	635
2011 年 12 月 26 日	875	815	710	615

资料来源：中国煤炭市场网。

注　热值分别为大同优混（2011 年，5800kcal/kg）、山西优混（5500kcal/kg）、山西大混（5000kcal/kg）、普通混煤（4500kcal/kg）。

以具有代表性的 5500kcal 优质动力煤（山西优混）价格来看，

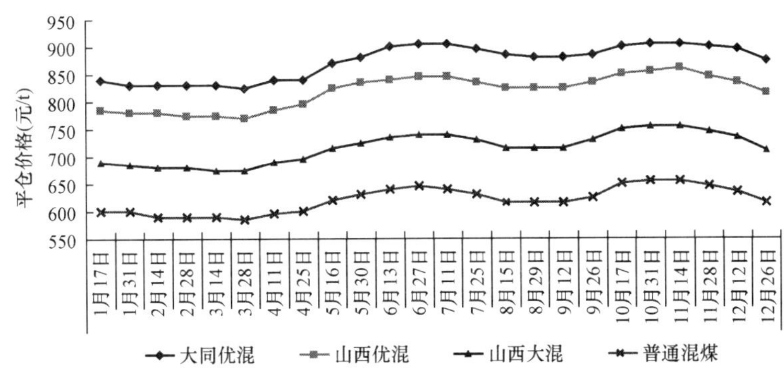

图 3-3 2011 年秦皇岛四种动力煤价格变动趋势

资料来源：中国煤炭市场网。

1—2 月，受暖冬及逐步进入用煤淡季影响，价格由 1 月的 780 元/t 小幅下调到 2 月底的 775 元/t，水平基本稳定；3—6 月，第一批储备规模为 500 万 t 的国家煤炭应急储备方案在 3 月获国务院批准，环渤海中转港口煤炭库存持续下跌，煤炭供需形势趋于偏紧，价格由 770 元/t 涨至 845 元/t；7—8 月，虽然进入夏季用煤高峰期，但电煤库存逐渐恢复到较高水平，价格在连续上涨后开始小幅回落；9—11 月，受进入冬季煤炭储备，以及前期累计通胀率达 5.5%的影响，煤价自 9 月止跌回升，到 11 月中旬涨至全年最高 860 元/t；12 月，受国家发展改革委宣布从 2012 年 1 月 1 日起对秦皇岛 5500kcal/kg 市场动力煤实行 800 元/t 最高限价等政策影响，价格回落至 815 元/t，并有继续下行的趋势。

3.2.2 中国进口煤炭价格

2011 年，我国进口煤炭平均价格为 114.6 美元/t，年初和年末价格基本持平，各月走势随国际、国内煤价变化波动较大。2011 年我国煤炭进口价格变动趋势如图 3-4 所示。

1—5 月，国内市场煤炭价格低于国际煤炭价格，影响进口煤炭

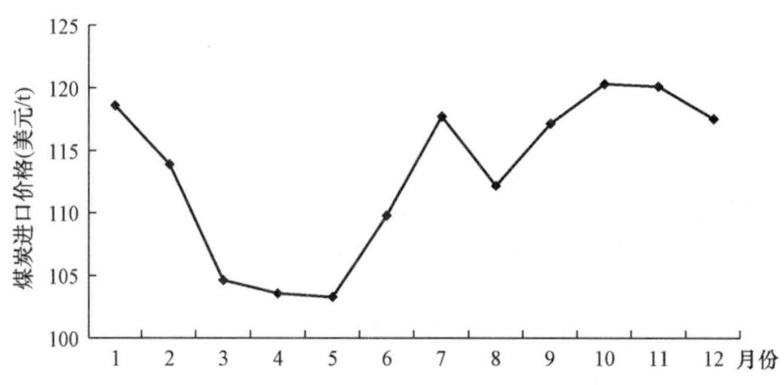

图 3-4　2011 年我国煤炭进口价格变动趋势

资料来源：中国煤炭市场网。

价格持续走低，从 1 月的 118.5 美元/t 下降到 5 月的 103.2 美元/t；6—7 月，国内发电用煤增加及煤炭价格上涨，拉动进口煤炭价格上扬，7 月涨到 117.7 美元/t；8 月，受国际煤价持续回落和国内煤价走势下行影响，进口煤炭价格降为 112.2 美元/t；9—11 月，国内煤炭需求量加大，国内煤炭市场价格上行，进口煤价升至 120.1 美元/t；进入 12 月，再次受到国际煤价回落及国内煤价下行冲击，进口煤炭价格降为 117.5 美元/t。

3.2.3　亚太地区煤炭市场价格

2011 年，亚太地区煤炭市场价格受国际石油等大宗商品价格波动、日本发生大地震和海啸、欧美实体经济下滑，以及中国、印度等国煤炭需求变化等影响，价格整体走势下降。

从代表亚太地区动力煤现货价格的澳大利亚 BJ 标准动力煤现货价格变化趋势（如图 3-5 所示）来看，2011 年价格处于明显的波动下行走势，全年降幅 23.7 美元/t 左右。

1—3 月，煤价波动较大，总体走势下降。1 月初，澳大利亚 BJ 动力煤现货价格因洪灾发生，飙升至 136.3 美元/t，但此后随着欧美发达国家和新兴经济体发展的回落，制造业、钢铁行业对煤炭需求低

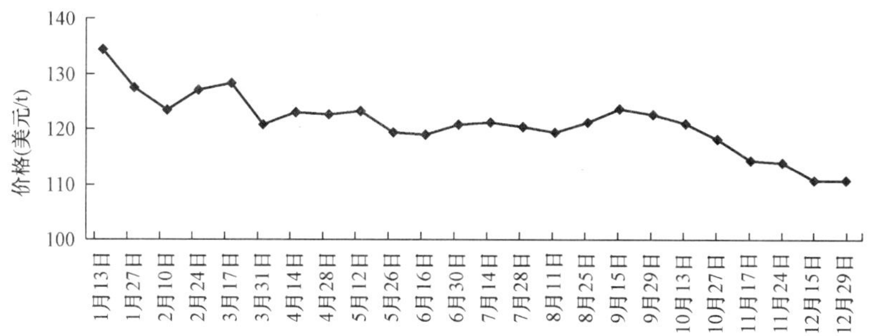

图 3-5　2011 年澳大利亚 BJ 标准动力煤现货价格走势

迷，价格有所下降，到 1 月底，煤价调整为 130.7 美元/t。2 月，中东政局紧张导致原油期货价格直线飙升，国际动力煤价格也出现快速回升，澳大利亚 BJ 标准动力煤现货价格升至 132.2 美元/t。3 月，日本发生“3·11”大地震，严重打击了日本电力、钢铁等工业部门，并影响亚太地区动力煤市场，煤价出现调整，澳大利亚 BJ 标准动力煤价格较前一月降低 8.9 美元/t，跌至 123.3 美元/t。

4—9 月，澳大利亚 BJ 标准动力煤价处于波动调整态势。4 月，随市场步入动力煤淡季，煤价延续调整态势，跌至 120.5 美元/t。到 6 月，由于持续干旱、水电出力不足，电力用煤需求增加，并且国际原油等大宗能源商品期货价格下跌，导致煤价震荡调整，澳大利亚 BJ 标准动力煤现货价格达 122.0 美元/t。8 月，美国主权信用评级下调导致全球金融市场剧烈震荡、实体经济下滑令煤炭需求减弱，加之市场对未来经济发展前景忧虑，澳大利亚 BJ 标准动力煤现货价格震荡下行到 121.5 美元/t。9 月，澳大利亚 BJ 标准动力煤现货价格有小幅上升至 123.0 美元/t。

10—12 月，澳大利亚 BJ 标准动力煤价持续下降。10 月，中国电力企业和沿海港口煤炭库存持续上升、对进口动力煤的需求明显下滑，印度煤炭进口较 2010 年同期相比下降，澳大利亚 BJ 标准动力煤现货价格下跌至 113.9 美元/t。12 月，受中国市场动力煤价格已步入下降通道，以及国际市场对 2012 年全球经济形势普遍持悲观态度的影响，澳大利亚 BJ 标准动力煤价格持续下跌至 111.0 美元/t。

3.2.4 大西洋地区煤炭市场价格

2011 年，大西洋地区煤炭市场主要受到国际市场原油价格波动、欧洲债务危机加剧和欧美实体经济下滑等因素影响，价格形成明显下降趋势。

以具有代表性的南非理查兹 RB 动力煤现货价格（如图 3-6 所示）和欧洲三港动力煤现货价格走势来看，1—4 月，煤价升至高位后下跌，随后逐步回调上涨。1 月，受益于国际原油价格的再度走强，南非理查兹港动力煤现货价格升至 129.1 美元/t，欧洲三港动力煤现货价格升至 123.3 美元/t，价格均创新高。2 月，随冬季消费旺季结束，煤价回调，南非理查兹港动力煤现货价格和欧洲三港动力煤现货价格下跌，分别达 119.4 美元/t 和 120.3 美元/t。4 月，虽然国际动力煤需求稳中有降，但在原油等大宗期货价格持续走高的支撑下，煤炭价格保持震荡上行走势，南非理查兹港动力煤现货价格和欧洲三港动力煤现货价格分别达到 122.5 美元/t 和 126.9 美元/t。

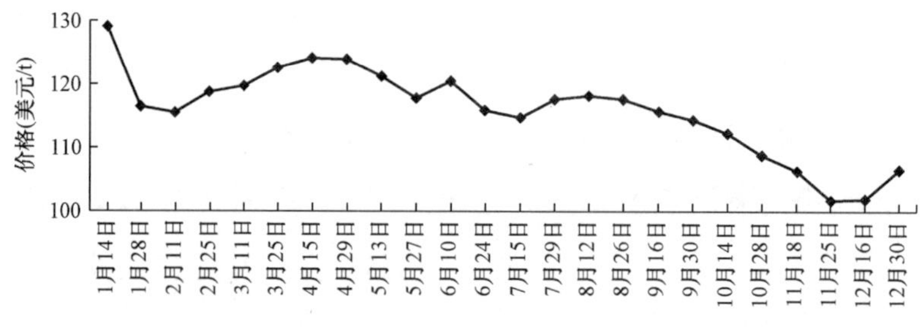

图 3-6 2011 年南非理查兹 RB 动力煤现货价格走势

5—9 月，南非理查兹港和欧洲三港动力煤煤价波动下行。进入 5 月后，受国际油价大幅下跌、美元指数走高影响，煤炭市场价格下调，南非理查兹港动力煤现货价格下降至 121.1 美元/t，欧洲三港动力煤现货价格下跌至 121.6 美元/t。6 月，国际煤炭市场表现出整体需求不足，导致大西洋地区煤炭市场价格持续走低。7 月，随气温升高，北半球进入夏季煤炭消费高峰期，同时，美国继续维持货币宽松政策，欧洲债务危机有一定程度缓解，动力煤煤价一路上涨，南非理查兹港动力煤价格 20 天内上涨 4.0 美元/t，欧洲三港市场动力煤价格则上涨 4.4 美元/t。9 月后，受南非煤炭产量和出口规模增加，以及对全球经济疲软的悲观预期加剧的影响，煤价形成持续下跌走势。

10—12 月，南非理查兹港和欧洲三港动力煤煤价呈现下行态势，年底略有上扬。10 月，欧洲债务危机越演越烈，全球宏观经济形势预期不容乐观，导致市场煤价格持续走低，南非理查兹港动力煤价格和欧洲三港市场动力煤价格分别下跌至 118.1 美元/t 和 109.4 美元/t。11 月，欧洲债务危机再次恶化，欧美多数国家经济每况愈下，南非理查兹港动力煤现货价格出现暴跌，报收于 101.0 美元/t。12 月，煤炭价格受冬季用煤影响，短期上升，但欧洲债务危机影响依然明显存在，南非煤炭出口主要客户群由欧洲逐渐转向亚洲。

3.2.5　国内外煤炭价格及其变化趋势比较

2011 年我国秦皇岛山西优混动力煤与澳大利亚 BJ 标准动力煤价格走势对比如图 3-7 所示。

2011 年，我国秦皇岛动力煤价格的上升走势与澳大利亚 BJ 标准动力煤价格的下降走势形成明显对比，秦皇岛动力煤价格在 1 月低于澳大利亚 BJ 标准动力煤价格，转为 12 月份高于澳大利亚 BJ 标准动力煤价格。

1—5 月，秦皇岛动力煤价格低于澳大利亚 BJ 标准动力煤价格。1 月，两者价差达 129.5 元/t，随后，秦皇岛动力煤价格逐渐上涨，

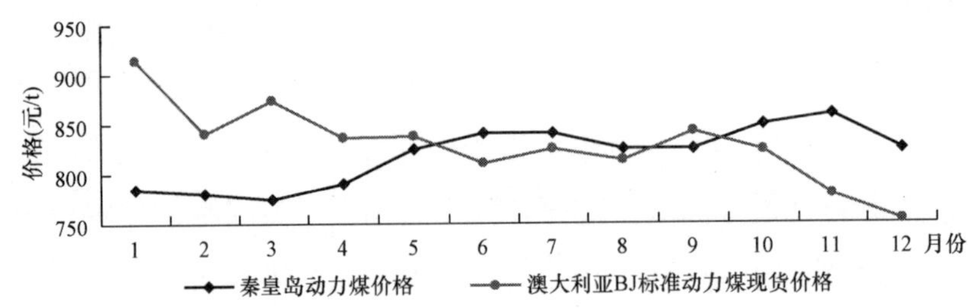

图 3-7 我国秦皇岛动力煤与澳大利亚 BJ 标准动力煤现货价格走势对比

与澳大利亚 BJ 标准动力煤价格逐渐下降走势相反，到 5 月底，秦皇岛动力煤价格达 825.0 元/t，与澳大利亚 BJ 标准动力煤价格趋于相等。

6—9 月，秦皇岛动力煤价格与澳大利亚 BJ 标准动力煤价格较为接近。6 月，秦皇岛动力煤价格反超澳大利亚 BJ 标准动力煤价格，高出澳大利亚 BJ 标准动力煤价格 30.0 元/t，随后两者价差逐步缩小；到 8 月中旬，秦皇岛动力煤价格在 825.0 元/t 价位与澳大利亚 BJ 标准动力煤价格趋近，9 月澳大利亚 BJ 标准动力煤价格略涨，秦皇岛动力煤价格由月初跌至低位后开始上涨。

10—12 月，秦皇岛动力煤价格高于澳大利亚 BJ 标准动力煤价格。秦皇岛动力煤价格走势上行至 10 月高出澳大利亚 BJ 标准动力煤价格，在 11 月两者差距达到最大，约 82.0 元/t，12 月，秦皇岛动力煤价格走势与澳大利亚 BJ 标准动力煤价格走势均下跌，但秦皇岛动力煤价格仍高出澳大利亚 BJ 标准动力煤价格约 75.0 元/t。

3.3 动力煤价格分析

2010 年主要国家动力煤价格为 15.3～232.8 美元/t，奥地利最高，其次是芬兰、瑞士、英国，土耳其、美国、俄罗斯较低，哈萨克斯坦最低。2010 年部分国家动力煤价格如表 3-5 和图 3-8 所示。

表 3-5 2010 年部分国家动力煤价格情况 美元/t

国　　家	2010 年	国　　家	2010 年
奥地利	232.8	波兰	96.3
芬兰	168.6	土耳其	83.7
瑞士	155.3	美国	70.5
英国	116.9	俄罗斯	42.4
日本	114.7	哈萨克斯坦	15.3
意大利	112.0		

资料来源：IEA 统计资料。

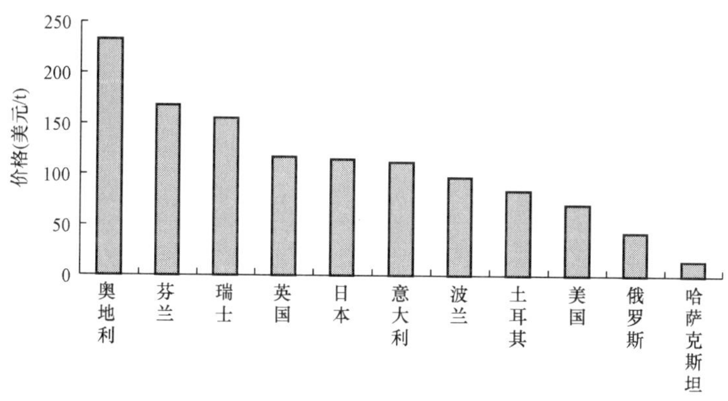

图 3-8 2010 年部分国家动力煤价格水平情况

从价格变化趋势看，2006—2010 年，国外动力煤价格基本呈上升趋势，价格增长较快的国家有韩国、土耳其、哈萨克斯坦、英国、意大利、泰国、俄罗斯，年均增长均超过 10%；印度价格增长最低，年均增长为 3.8%。2006—2010 年，部分国家动力煤价格水平如表 3-6所示，价格指数变化如图 3-9 所示。

表 3-6 2006—2010 年部分国家动力煤价格水平 本币元/t

国家	2006 年	2007 年	2008 年	2009 年	2010 年	年均增长率（%）
韩国	54 853	65 984	129 536	113 138	—	27.3
土耳其	69.45	90.78	120.26	130.59	125.44	15.9
哈萨克斯坦	1343	1373	1654	1805	2251	13.8
英国	48.31	50.81	63.91	63.8	75.74	11.9
意大利	55.03	62.85	98.28	82.06	84.53	11.3
泰国	1676	1884	2293	2262	—	10.5
俄罗斯	865	940.5	1039.8	1170	1283	10.4
波兰	201.59	216.06	253.68	294.56	290.45	9.6
瑞士	119.5	150	234.5	149.8	162	7.9
日本	8066	9183	13 792	11 313	10 062	5.7
美国	56.99	60.04	69.99	71.57	70.54	5.5
奥地利	142.25	145.95	167.96	172.62	175.75	5.4
芬兰	103.9	105.82	148.26	120.38	127.3	5.2
印度	1617	1626	1805	1809	—	3.8

资料来源：IEA 统计资料。

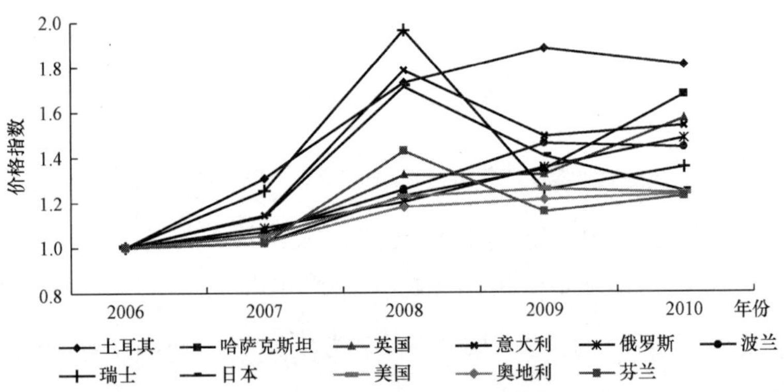

图 3-9 2006—2010 年部分国家动力煤价格指数值变化趋势

3.4 发电用煤价格分析

2010年，德国、奥地利电煤价格最高，分别为117.8美元/t和117.7美元/t；中国价格水平位居其后，为108.5美元/t；土耳其价格水平最低，为36.4美元/t。从各地区情况来看，欧洲德国、奥地利、法国、意大利、芬兰价格较高，均超过100美元/t，而比利时、英国、葡萄牙、爱尔兰、波兰价格居中，水平为98.6～78.5美元/t；美洲国家煤价相对较低，美国为51.8美元/t。2010年主要国家电煤价格比较情况如表3-7和图3-10所示。不同国家电煤价格存在较大差距，主要受本地煤炭储量和经济发展需求影响。欧洲部分国家，煤炭主要依靠进口，因此电煤价格偏高；中国，主要受煤炭市场逐步放开的影响，电煤价格增长较快；美国，受煤炭自给能力较强、经济发展放缓及出现页岩气等新能源发电替代等因素影响，电煤价格较低。

表3-7 2010年部分国家（地区）电煤价格水平情况 美元/t

国家	2010年	国家	2010年
德国	117.8	英国	96.1
奥地利	117.7	葡萄牙	88.3
中国	108.5	爱尔兰	83.4
法国	108.3	波兰	78.5
意大利	107.7	美国	51.8
芬兰	101.7	土耳其	36.4
比利时	98.6		

资料来源：1. 国外：IEA统计资料。
2. 中国：基础资料来源于中国煤炭工业协会，按原煤热值5000kcal/kg将电煤到厂价折算为标准煤价。

2006—2010年，部分国家发电用煤价格水平如表3-8所示，价格指数变化趋势如图3-11所示。近五年国内外电煤价格呈上升趋

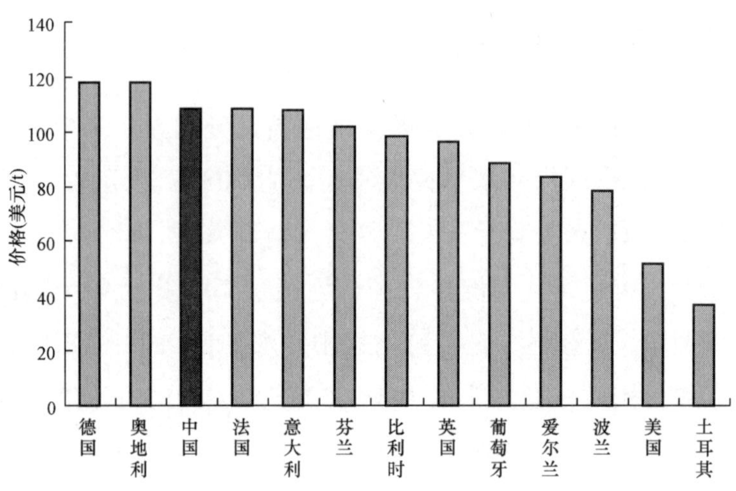

图 3-10　2010 年部分国家电煤价格水平情况

势，英国、中国、土耳其、意大利、墨西哥、波兰、比利时增长较快，年均增长均超过 10%；葡萄牙、德国、法国、美国、芬兰和爱尔兰年均增长介于 9.4 %和 6.6 %之间；奥地利年均增长相对较低，约 4.7%。

表 3-8　　2006—2010 年部分国家发电用煤价格　　本币元/t

国家	2006 年	2007 年	2008 年	2009 年	2010 年	年均增长率(%)
英国	38.06	41.16	65.57	54.42	62.3	13.1
中国	458.91	497.24	666.65	618.14	738.58	12.6
土耳其	35.49	36.07	42.01	49.69	54.53	11.3
意大利	54.13	62.04	95.8	74.07	81.33	10.7
墨西哥	461.72	501.85	584.57	690.19	689.31	10.5
波兰	159.57	159.66	190.95	250.88	236.67	10.4
比利时	50.4	55.15	89.29	55.31	74.45	10.2
葡萄牙	46.46	55.78	96.65	58.58	66.63	9.4

续表

国家	2006 年	2007 年	2008 年	2009 年	2010 年	年均增长率(%)
德国	62.13	65.89	104.36	79.25	88.94	9.4
法国	58.09	61.22	93.11	82.02	81.75	8.9
美国	38.76	40.48	47.35	50.53	51.79	7.5
芬兰	59.2	61.12	97.76	69.88	76.8	6.7
爱尔兰	48.82	60.92	68.03	81.87	62.94	6.6
奥地利	73.92	70.25	83.53	96.07	88.84	4.7

资料来源：1. 国外：IEA 统计资料。
2. 中国：2006—2010 年基础资料来源于中国煤炭工业协会，按原煤热值 5000kcal/kg 将电煤到厂价折算为标煤价。

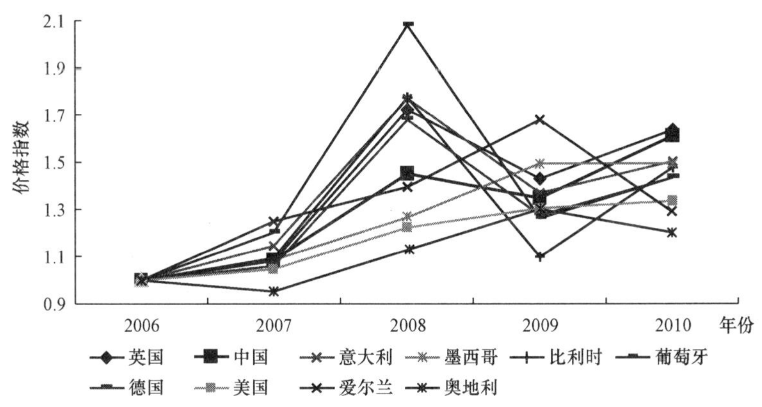

图 3-11 2006—2010 年部分国家发电用煤价格变化趋势

3.5 煤炭价格展望

2012 年亚太地区煤炭市场价格整体将呈现下降的走势。上半年，受世界经济走势低迷影响，预计将继续趋于下行；下半年，受中国、印度等国煤炭进口规模可能继续扩大、日本制造业逐渐恢复，以及伊朗核问题等国际政治局势可能出现新的不稳定等因素的影响，预计在

9—10 月，价格下行将触底，之后出现有升有降的波动性调整。

2012 年大西洋地区煤炭价格整体将呈现下降的走势。上半年，受欧洲主权债务危机范围扩大及南非煤炭产量增加、大西洋地区煤炭供应较为宽松等影响，煤炭价格将继续下行；下半年，将受美国继续实行宽松量化货币政策、中国和印度两国进口扩大，以及国际原油市场价格起伏影响，煤炭价格将形成一定波动调整，特别是美国经济可能逐步回暖，影响世界经济有所增长，煤炭价格可能出现反弹性上升。

总体而言，国际煤炭市场价格预计全年为下降走势。上半年，主要受经济周期性下行、欧洲债务危机、北美页岩气技术突破等影响，煤炭价格将下行；下半年，受经济形势可能有所好转、主要发达国家继续采取弱势美元政策等影响，煤炭价格也具有潜在的升势，可能形成波动性上涨。

2012 年，我国煤炭价格将高位波动，总体呈现下行走势。受我国经济增长趋于回落、煤炭进口持续增长、电厂和港口煤炭储备规模将维持较高水平等因素影响，我国煤炭供需将保持基本平衡和宽松的格局。此外，2011 年国家发展改革委出台的限价政策也将继续发挥作用。因此，预计上半年市场煤炭价格将在高位运行并稳中有降。下半年，7—9 月，随夏季用煤高峰影响，煤炭价格将进入调整波动期，10 月至年底，考虑进入冬季用煤高峰期、出口形势可能略有好转、内需市场保持平稳增长的影响，煤炭价格可能出现回升调整。

4 电力价格分析

4.1 电力生产与消费

4.1.1 电力生产水平分析

2010年，美国、中国、日本等十个国家[1]中，各国发电量占这十个国家总量的比重如图4-1所示。其中，美国的发电量占这十个国家总量的32.0%；中国次之，占30.8%；其他国家的占比均不超过10%。

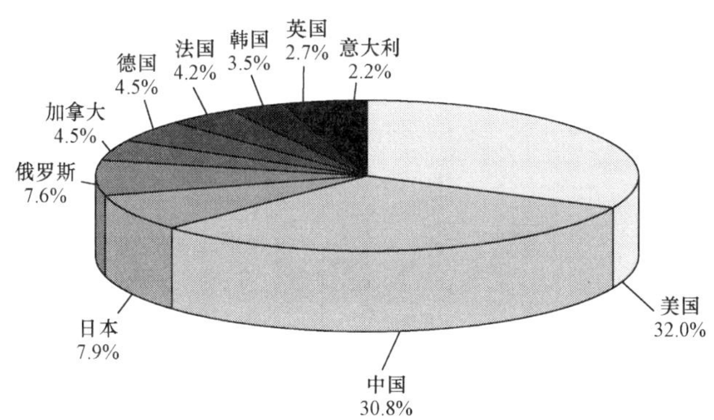

图4-1 2010年部分国家电力生产占比情况

资料来源：EIA。

2010年，瑞士、奥地利、加拿大、挪威发电量下降；欧美多数国家发电量上升，中国发电量保持较高增速。2006—2010年部分国家（地区）发电量及走势比较如表4-1和图4-2所示，世界范围内电

[1] 对美国、中国、日本、俄罗斯等发电量为全球前十的国家进行分析。

力生产总体呈现出先上升、后下降、再上升的波动变化趋势。2006—2010年，中国的发电量增速最高，达9.9%；其次是土耳其、韩国，分别为4.6%、4.4%；斯洛伐克发电量增速最慢，为-3.1%，其次是英国，为-1.2%。

表4-1　2006—2010年部分国家（地区）发电量　10亿kW·h

国家（地区）	2006年	2007年	2008年	2009年	2010年	年均增长率（%）	2010年同比增长（%）
美国	4065	4157	4119	3950	4120	0.3	4.3
中国	2718	3040	3223	3446	3965	9.9	15.1
日本	1034	1060	1016	985	1013	-0.5	2.9
俄罗斯	939	962	984	930	983	1.1	5.8
加拿大	598	623	622	586	581	-0.7	-0.9
德国	593	593	595	547	577	-0.7	5.5
法国	540	536	541	510	539	-0.1	5.6
韩国	379	401	418	425	450	4.4	5.9
英国	370	369	361	350	353	-1.2	0.9
意大利	289	290	295	272	279	-0.9	2.5
西班牙	278	285	293	275	280	0.1	1.8
墨西哥	236	243	248	247	254	1.9	3.0
南非	235	245	238	232	—	-0.5	—
中国台湾	215	225	221	213	—	-0.3	—
土耳其	168	182	188	185	201	4.6	8.8
波兰	151	149	145	142	148	-0.6	3.9
泰国	131	135	139	140	148	3.0	5.8
挪威	120	134	139	130	122	0.5	-5.9
哈萨克斯坦	68	72	76	74	77	3.3	3.9

续表

国家（地区）	2006年	2007年	2008年	2009年	2010年	年均增长率（%）	2010年同比增长（%）
瑞士	59	64	64	64	64	1.9	－0.1
奥地利	59	60	62	64	64	1.9	－0.1
以色列	48	51	53	51	54	3.0	4.1
葡萄牙	46	44	43	47	50	2.2	7.4
新西兰	42	42	42	42	43	0.7	3.1
新加坡	37	39	39	39	43	3.6	8.6
匈牙利	34	38	38	34	35	1.1	4.1
斯洛伐克	30	27	27	25	26	－3.1	6.1
爱尔兰	25	26	28	26	27	1.1	1.7
塞浦路斯	4	5	5	5	—	3.8	—
其他国家（地区）	4497	4699	4839	4944	—	3.2	—
合计	18 009	18 795	19 104	18 980	—	1.8	—

资料来源：EIA。

4.1.2 电力消费水平分析

2010年，美国、中国、俄罗斯等九个国家[1]中，各国电力消费占这九个国家总量的比重如图4-3所示。其中，美国的发电量占这九个国家总量的33.9%；中国次之，占30.0%；其他国家的占比均不超过10%。

2010年，欧美等发达国家经济缓慢恢复，多数国家电力消费开始增长；中国仍保持较高增速。2006—2010年部分国家（地区）的电力消费情况及走势比较如表4-2和图4-4所示，世界范围内电力消费总体呈现

[1] 与电力生产水平的国家一致，但鉴于缺少韩国数据，故只对九个国家进行分析。

出先增后减再增的波动变化趋势。中国的电力消费增速较快，达 8.0%，仅次于土耳其；中国台湾、日本增速最慢，分别为- 1.9%、- 1.5%。

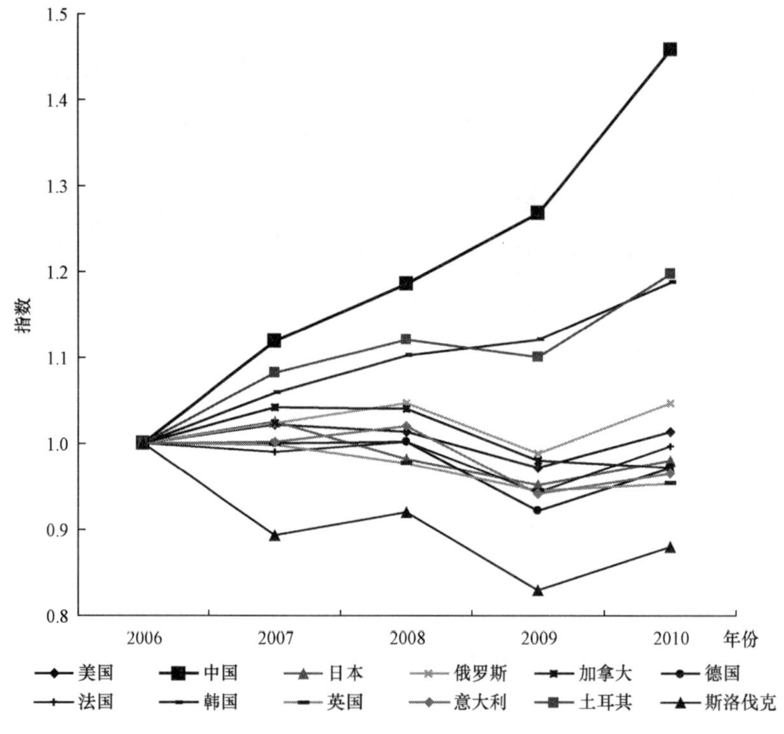

图 4 - 2　2006—2010 年部分国家（地区）发电量走势比较

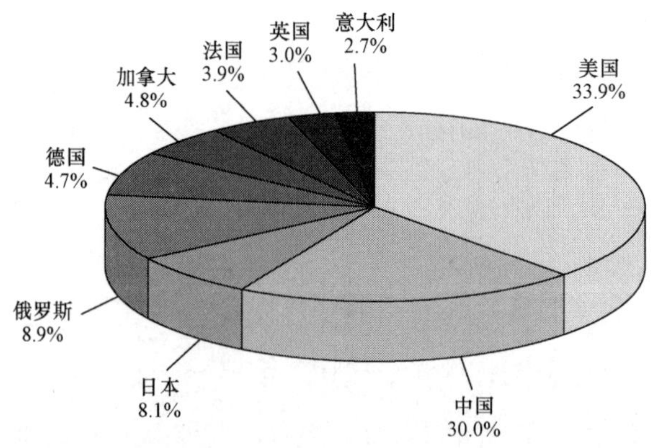

图 4 - 3　2010 年部分国家电力消费占比情况

资料来源：CIA。

表 4-2 2006—2010 年部分国家（地区）电力消费情况 10 亿 kW·h

国家（地区）	2006 年	2007 年	2008 年	2009 年	2010 年	年均增长率（%）	2010 年同比增长（%）
美国	3817	3890	3865	3724	3889	0.5	4.4
中国	2529	2833	3018	3253	3438	8.0	5.7
日本	984	1009	966	934	926	−1.5	−0.9
俄罗斯	816	844	858	808	1023	5.8	26.6
德国	529	536	529	505	536	0.3	6.2
加拿大	547	547	544	510	547	0.0	7.4
法国	445	447	460	451	447	0.1	−0.9
韩国	365	386	402	408	—	3.9	—
英国	350	348	344	326	346	−0.3	6.1
意大利	314	315	315	296	315	0.1	6.3
西班牙	261	264	271	257	—	−0.6	—
中国台湾	196	202	206	204	182	−1.9	−10.9
南非	211	220	212	206	215	0.5	4.4
墨西哥	206	215	213	204	230	2.8	12.8
土耳其	141	154	160	155	198	8.8	27.6
泰国	126	129	132	127	129	0.7	1.6
波兰	125	130	132	132	134	1.9	1.9
挪威	110	114	116	111	—	0.1	—
哈萨克斯坦	61	65	69	67	—	3.1	—
奥地利	58	58	59	58	62	1.7	7.5
瑞士	63	63	63	62	68	2.2	11.2
葡萄牙	44	46	47	46	46	1.6	1.7
以色列	48	49	48	48	49	0.5	2.0

续表

国家（地区）	2006年	2007年	2008年	2009年	2010年	年均增长率（%）	2010年同比增长（%）
新西兰	39	39	39	39	39	0.1	0.7
匈牙利	35	37	37	37	38	1.9	1.9
新加坡	37	38	38	36	37	0.2	4.3
斯洛伐克	26	27	27	25	29	2.6	14.2
爱尔兰	25	25	26	25	25	0.1	1.6
塞浦路斯	4	4	5	5	—	4.2	—
其他国家和地区	3877	4076	4218	4256	—	3.2	—
合计	16 388	17 110	17 420	17 314	—	1.8	—

资料来源：2010年数据来自CIA，其他数据来自EIA。

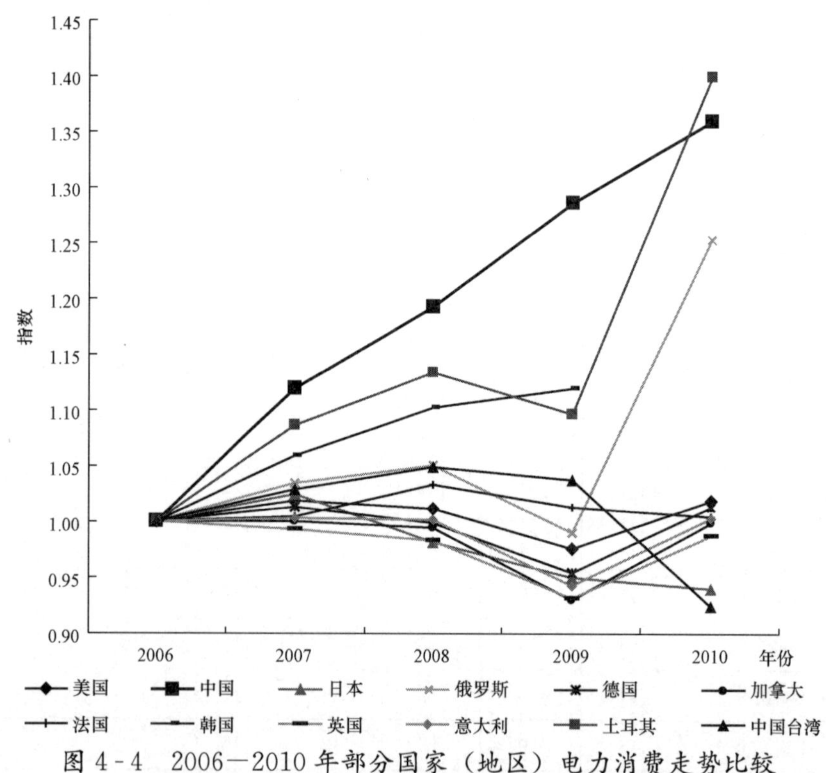

图4-4 2006—2010年部分国家（地区）电力消费走势比较

4.2 上网电价分析

4.2.1 上网电价水平分析

（一）上网电价总水平

2010 年，部分国家（地区）上网电价（或批发电价）为 0.025～0.077 美元/(kW•h)，部分国家（地区）上网电价（或批发电价）比较如表 4-3 和图 4-5 所示。北欧、美国、澳大利亚、中国、韩国相比较，中国上网电价居中，为 0.056 美元/(kW•h)；澳大利亚较低，为 0.030 美元/(kW•h)。

表 4-3 2010 年部分国家（地区）上网电价（或批发电价）比较 美元/(kW•h)

国家（地区）	地区（公司）	2010 年
欧洲电力市场现货价格		0.059
荷兰		0.060
比利时		0.061
法国		0.063
北欧电力市场现货价格		0.070
瑞典		0.075
芬兰		0.075
丹麦	西部地区	0.062
	东部地区	0.075
挪威	奥斯陆	0.072
	克里斯蒂安桑	0.067
	卑尔根	0.069
	莫尔德 & 特隆赫姆	0.077
	特罗姆瑟	0.076

续表

国家（地区）	地区（公司）	2010年
美国	宾夕法尼亚	0.054
	得克萨斯 ERCOT	0.043
	加利福尼亚	0.041
	路易斯安娜	0.042
	新英格兰地区	0.058
	美国平均	0.047
澳大利亚	NSW 公司	0.034
	QLD 公司	0.028
	SA 公司	0.030
	TAS 公司	0.027
	VIC 公司	0.025
	澳大利亚平均	0.030
中国		0.056
韩国		0.070

资料来源：1. 美国：Energy Information Administration。
2. 韩国：《韩国电力》。
3. 欧洲：http：//www. nordpoolspot. com。
4. 澳大利亚：http：//www. nemmco. com. au。
5. 中国：电力监管委员会。

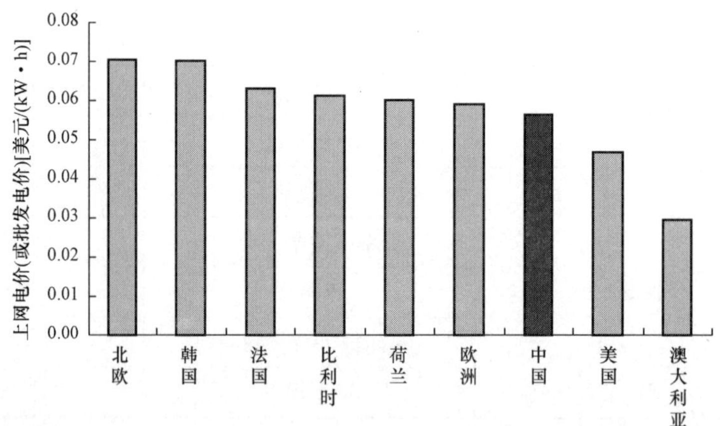

图4-5 2010年部分国家（地区）上网电价（或批发电价）比较

（二）煤电上网电价水平

部分国家燃煤电厂发电价格如表 4-4 所示。我国煤电价格（燃煤机组含脱硫、脱硝加价的标杆电价）为 0.037～0.078 美元/(kW·h)，与美国、日本、俄罗斯、韩国等国家相比，处于最低水平。

表 4-4 部分国家燃煤电厂发电价格 美元/(kW·h)

国家	价格	国家	价格
美国	0.088～0.093	荷兰	0.10
比利时	0.1	斯洛伐克	0.142
捷克	0.114～0.133	俄罗斯	0.09
德国	0.087～0.094	瑞典	0.146
日本	0.107	中国	0.037～0.078
韩国	0.095		

资料来源：1. 美国：Comparative electrical generation costs，SourceWatch。
2. 韩国：《韩国电力》。
3. 瑞典：www.doria.fi/bitstream/handle/10024/39685/isbn9789522145888.pdf。
4. 其他国家：OECD electricity generating cost projections for year 2010。

4.2.2 上网电价变化趋势分析

2006—2010 年部分国家（地区）上网电价（或批发电价）情况及变化趋势如表 4-5 和图 4-6 所示，不同国家（地区）间差异较大。2010 年，欧洲部分国家、美国、澳大利亚、中国、韩国相比较，除澳大利亚以外，其他国家（地区）上网电价均上涨，北欧电力市场现货价格涨幅甚至超过 50%，美国上网电价也上涨 19%。在欧洲、美国、韩国发电市场环境下，上网电价的上涨，受煤炭等一次能源价格上涨的影响较大。在中国，电价受政府管制的环境下，上网电价的小幅上涨，源于政府 2009 年 11 月的调价。2006—2010 年，韩国上网电价增长较快，年均增长 8.1%；北欧、中国小幅上涨，分别为 2.2%、

3.9%；美国、澳大利亚电价呈负增长，分别为-3.1%、-12.6%。

表 4-5　2006—2010 年部分国家（地区）上网电价（或批发电价）情况　本币元/(kW·h)

国家（地区）	地区（公司）	2006 年	2007 年	2008 年	2009 年	2010 年	年均增长率（%）	2010 年同比增长（%）
欧洲电力市场现货价格		0.051	0.038	0.066	0.039	0.044	-3.3	14.4
荷兰		0.058	0.042	0.070	0.039	0.045	-6.0	15.8
比利时		0.055	0.042	0.071	0.039	0.046	-4.1	17.5
法国		0.049	0.041	0.069	0.043	0.048	-0.9	10.5
北欧电力市场现货价格		0.049	0.028	0.045	0.035	0.053	2.2	51.5
瑞典		0.048	0.030	0.051	0.037	0.057	4.2	53.5
芬兰		0.049	0.030	0.051	0.037	0.057	3.9	53.2
丹麦	西部地区	0.044	0.032	0.056	0.036	0.046	1.3	29.0
	东部地区	0.049	0.033	0.057	0.040	0.057	4.1	42.8
挪威	奥斯陆	0.049	0.026	0.039	0.034	0.054	2.5	60.8
	克里斯蒂安桑	0.049	0.026	0.039	0.034	0.051	0.8	50.6
	卑尔根	0.049	0.026	0.039	0.034	0.052	1.3	53.5
	莫尔德 & 特隆赫姆	0.049	0.030	0.051	0.036	0.058	4.3	63.3
	特罗姆瑟	0.049	0.029	0.050	0.036	0.057	4.0	61.4
美国	宾夕法尼亚	0.041	0.052	0.127	0.051	0.054	7.0	6.2
	得克萨斯 ERCOT	0.042	0.059	0.091	0.043	0.043	0.5	-0.3
	加利福尼亚	0.057	0.068	0.088	0.037	0.041	-7.5	12.0
	路易斯安娜	0.041	0.068	0.097	0.033	0.042	0.5	26.2
	新英格兰地区	0.051	0.106	0.100	0.050	0.058	3.1	16.0

续表

国家（地区）	地区（公司）	2006年	2007年	2008年	2009年	2010年	年均增长率（%）	2010年同比增长（%）
美国	美国平均	0.053	0.070	0.090	0.039	0.047	−3.1	19.0
澳大利亚	NSW公司	0.059	0.042	0.039	0.044	0.037	−11.1	−16.9
	QLD公司	0.052	0.052	0.034	0.033	0.031	−12.2	−7.0
	SA公司	0.052	0.074	0.051	0.055	0.033	−10.9	−41.1
	SNOWY公司	0.055	0.045	—	—	—	−9.2	
	TAS公司	0.050	0.055	0.058	0.029	0.029	−12.2	0.3
	VIC公司	0.055	0.047	0.042	0.036	0.027	−16.1	−25.3
	澳大利亚平均	0.055	0.048	0.040	0.039	0.032	−12.6	−18.3
中国		0.331	0.336	0.360	0.382	0.385	3.9	0.7
韩国		55.630	58.730	71.910	68.580	75.830	8.1	10.6

资料来源：1. 美国：Energy Information Administration。
2. 韩国：《韩国电力》。
3. 欧洲：http：//www. nordpoolspot. com。
4. 澳大利亚：http：//www. nemmco. com. au。
5. 中国：电力监管委员会。

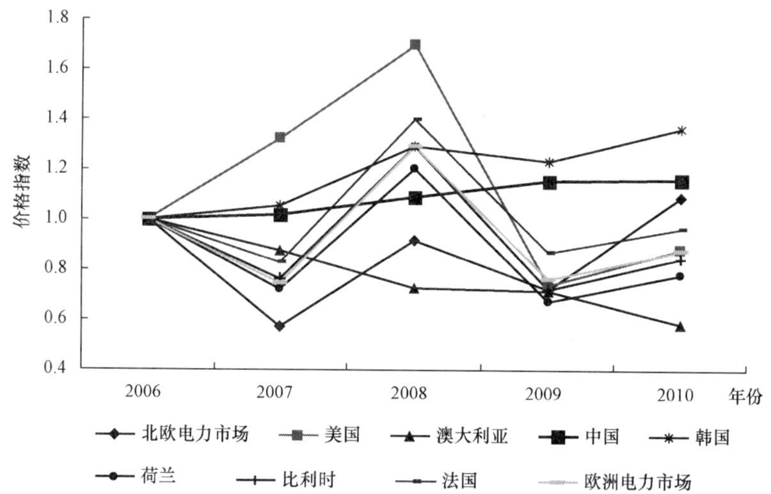

图4-6　2006—2010年部分国家（地区）上网电价（或批发电价）走势比较

4.3 输配电价分析

2010年，巴西、美国、中国等国家（地区）的输配电价为0.021～0.074美元/(kW•h)，部分国家（地区）输配电价水平比较如表4-6和图4-7所示。巴西的输配电价水平最高，为0.074美元/(kW•h)；墨西哥的输配电价水平较低，为0.021美元/(kW•h)；中国的输配电价水平较低，仅比墨西哥高0.003美元/(kW•h)。

表4-6 2010年部分国家（地区）输配电价水平 美元/(kW•h)

国家	2010年	国家	2010年
巴西	0.074	波黑	0.045
黑山	0.066	美国	0.035
阿尔巴尼亚	0.066	马其顿	0.034
科索沃	0.056	中国	0.024
克罗地亚	0.056	墨西哥	0.021

资料来源：1. 美国：http：//www.eia.doe.gov，EIA。
2. 巴西：http：//www.aneel.gov.br。
3. 中国：电力监管委员会。
4. 墨西哥：http：//www.sener.gob.mx。
5. 阿尔巴尼亚、波黑、克罗地亚、马其顿、黑山、科索沃：Electricity Prices and Tariffs in the Energy Community，Energy Community Regulatory Board，2008—2009。

注 1. 巴西的电价为2007年水平。
2. 美国输配电价为重组后的输配电企业平均电价水平。
3. 墨西哥输配电价为国家电力公司水平。
4. 阿尔巴尼亚、波黑、克罗地亚、马其顿、黑山、科索沃为2009年水平。

2010年，中国的输配电价主要受2009年11月销售电价调整的翘尾因素影响，且由销售电价扣减上网电价形成，涨幅达28.5%；美国、墨西哥的输配电价均较2009年小幅上涨。2006—2010年，美国、巴西、中国、墨西哥输配电价水平及变化趋势如表4-7和图4-8

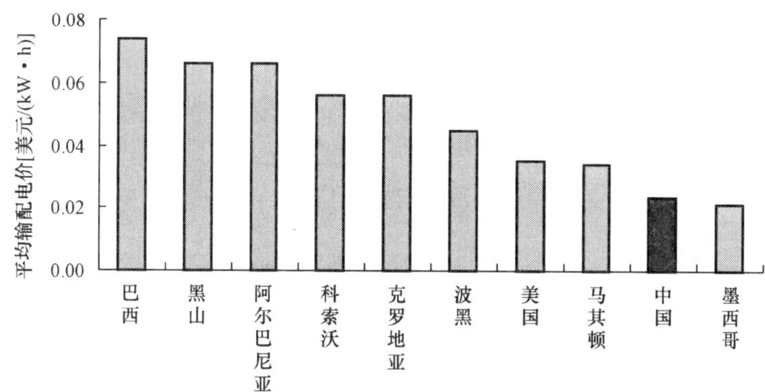

图 4-7 2010 年部分国家（地区）输配电价水平比较

所示。受体制改革等因素影响，美国的输配电价自 2007 年开始逐年上涨，巴西的输配电价逐年上升，墨西哥的输配电价小幅波动。

表 4-7 2006—2010 年部分国家输配电价水平 本币元/(kW·h)

国家	2006 年	2007 年	2008 年	2009 年	2010 年	年均增长率（%）	2010 年同比增长（%）
美国	0.032	0.030	0.031	0.034	0.035	2.2	2.6
巴西	0.143	0.144	—	—	—	0.8	—
中国	0.128	0.138	0.132	0.125	0.160	5.6	28.5
墨西哥	0.272	0.271	0.274	0.270	0.271	-0.1	0.5

资料来源：1. 美国：http：//www. eia. doe. gov，EIA。
2. 巴西：http：//www. aneel. gov. br。
3. 中国：电力监管委员会。

注 1. 美国输配电价为重组后的输配电企业平均电价水平。
2. 墨西哥输配电价为国家电力公司水平。

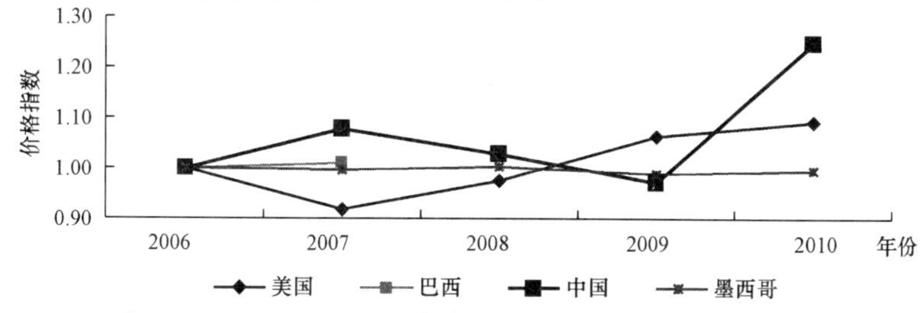

图 4-8 2006—2010 年部分国家输配电价变化趋势

4.4 销售电价分析

4.4.1 销售电价总水平

2010 年，部分国家的平均销售电价水平为 0.068～0.128 美元/(kW•h)。2010 年部分国家平均销售电价水平及比较如表 4 - 8 和图 4 - 9所示。克罗地亚的平均销售电价水平最高，中国的价格水平较低，比美国低 1.4 美分/(kW•h)。

表 4 - 8　　2010 年部分国家平均销售电价水平　　美元/(kW•h)

国家	2010 年	国家	2010 年
克罗地亚	0.128	阿尔巴尼亚	0.089
巴西	0.127	中国	0.084
新西兰	0.122	科索沃	0.078
黑山	0.111	韩国	0.075
墨西哥	0.106	马其顿	0.074
美国	0.098	塞尔维亚	0.068
波黑	0.090		

资料来源：1. 美国：http：//www. eia. doe. gov，EIA。
2. 巴西：http：//www. aneel. gov. br。
3. 韩国：《韩国电力》。
4. 中国：电力监管委员会。
5. 新西兰：http：//www. med. govt. nz/。
6. 墨西哥：http：//www. sener. gob. mx。
7. 阿尔巴尼亚、波黑、克罗地亚、马其顿、黑山、塞尔维亚、科索沃：Electricity Prices and Tariffs in the Energy Community，Energy Community Regulatory Board，2008—2009。

注　1. 巴西电价为 2007 年数据。
2. 阿尔巴尼亚、波黑、克罗地亚、马其顿、黑山、科索沃为 2009 年水平。

2006—2010 年部分国家的平均销售电价情况及变化趋势见表 4 - 9 和图 4 - 10。2010 年，美国、墨西哥、中国和韩国的平均销售电价均

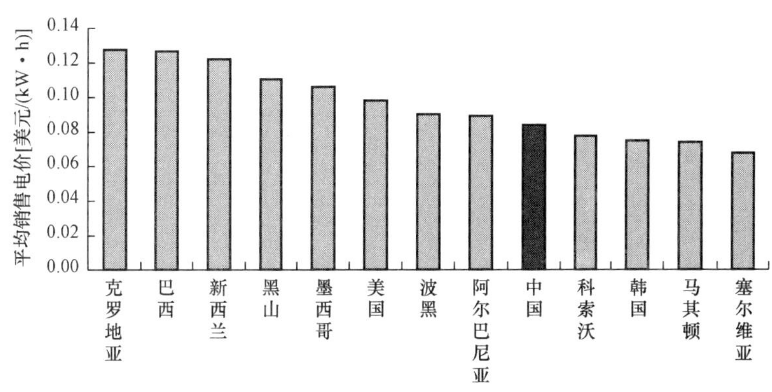

图 4-9 2010 年部分国家平均销售电价水平比较

上涨，美国涨幅最小，墨西哥涨幅最大，中国居中。2006—2010 年，大部分国家的平均销售电价水平逐年提高，墨西哥、塞尔维亚除 2009 年外，其余年份的销售电价均上涨。

表 4-9 2006—2010 年部分国家平均销售电价情况 本币元/(kW·h)

国 家	2006 年	2007 年	2008 年	2009 年	2010 年	年均增长率(%)	2010 年同比增长(%)
美国	0.089	0.091	0.097	0.098	0.098	2.5	0.1
墨西哥	1.138	1.178	1.373	1.212	1.335	4.1	10.2
巴西	0.251	0.253	—	—	—	0.8	—
韩国	76.43	77.85	78.76	83.59	86.12	3.0	3.0
中国	0.497	0.509	0.523	0.531	0.571	3.5	7.6
新西兰	0.141	0.148	0.160	0.163	0.169	4.7	3.9
阿尔巴尼亚	0.059	0.057	0.069	0.064	—	2.7	—
波黑	0.056	0.058	0.064	0.065	—	4.7	—
克罗地亚	0.073	0.073	0.082	0.092	—	7.9	—
马其顿	0.047	0.051	0.053	0.053	—	4.5	—

续表

国　家	2006 年	2007 年	2008 年	2009 年	2010 年	年均增长率（%）	2010 年同比增长（%）
黑山	0.053	0.069	0.071	0.080	—	14.4	—
塞尔维亚	0.039	0.046	0.053	0.049	—	8.2	—
科索沃	—	0.051	0.054	0.056	—	4.3	—

资料来源：1. 美国：http：//www.eia.doe.gov，EIA。

2. 巴西：http：//www.aneel.gov.br。

3. 韩国：《韩国电力》。

4. 中国：电力监管委员会。

5. 新西兰：http：//www.med.govt.nz/。

6. 墨西哥：http：//www.sener.gob.mx。

7. 阿尔巴尼亚、波黑、克罗地亚、马其顿、黑山、塞尔维亚、科索沃：Electricity Prices and Tariffs in the Energy Community，Energy Community Regulatory Board，2008—2009。

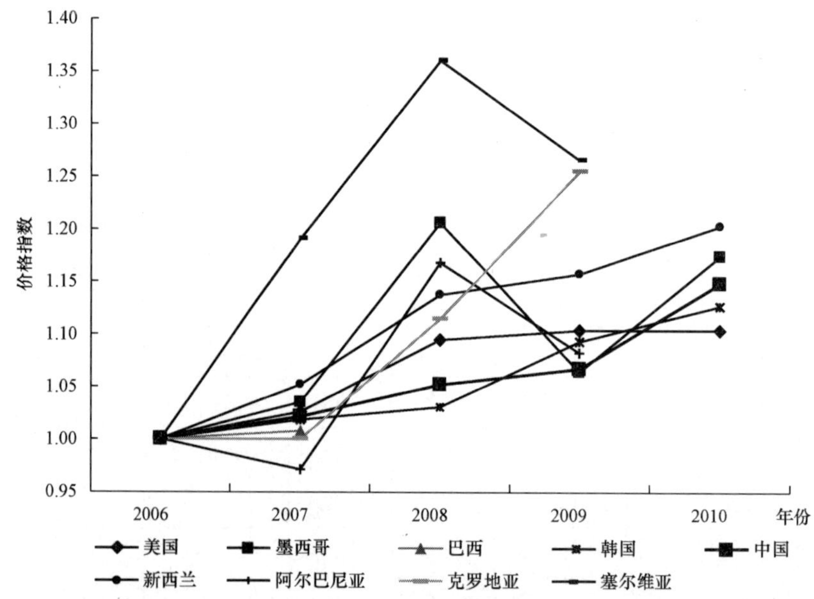

图 4-10　2006—2010 年部分国家平均销售电价走势比较

4.4.2 分类销售电价

（一）工业电价

2010年，40个国家（地区）的工业电价水平为0.046～0.258美元/(kW•h)。2010年部分国家（地区）工业电价水平比较如表4-10和图4-11所示。意大利的工业电价水平最高，为0.258美元/(kW•h)；中国的工业电价为0.091美元/(kW•h)，处于较低水平（第30位），高于美国、加拿大、俄罗斯等资源丰富的发达国家，低于欧洲、日本等一些能源资源相对紧张的国家；哈萨克斯坦最低，为0.046美元/(kW•h)。

表4-10 2010年部分国家（地区）工业电价水平比较 美元/(kW•h)

国家（地区）	2010年	国家（地区）	2010年
意大利	0.258	英国	0.121
塞浦路斯	0.217	波兰	0.12
斯洛伐克	0.169	葡萄牙	0.12
匈牙利	0.16	丹麦	0.114
奥地利	0.154	希腊	0.114
日本	0.154	克罗地亚	0.112
土耳其	0.151	德国	0.109
新加坡	0.148	法国	0.106
捷克	0.144	墨西哥	0.104
智利	0.14	西班牙	0.103
爱尔兰	0.137	瑞士	0.102
比利时	0.125	瑞典	0.096
荷兰	0.123	芬兰	0.095
斯洛文尼亚	0.121	爱沙尼亚	0.093

续表

国家（地区）	2010 年	国家（地区）	2010 年
中国	0.091	加拿大	0.07
以色列	0.087	美国	0.068
中国台湾	0.078	印度尼西亚	0.062
泰国	0.076	韩国	0.058
挪威	0.074	俄罗斯	0.05
新西兰	0.071	哈萨克斯坦	0.046

资料来源：《ENERGY PRICE & TAXES，2nd Quarter 2011》，IEA。

注 德国的电价为 2007 年水平，奥地利、新西兰的电价为 2008 年水平，匈牙利、西班牙、印度尼西亚、韩国的电价为 2009 年水平。

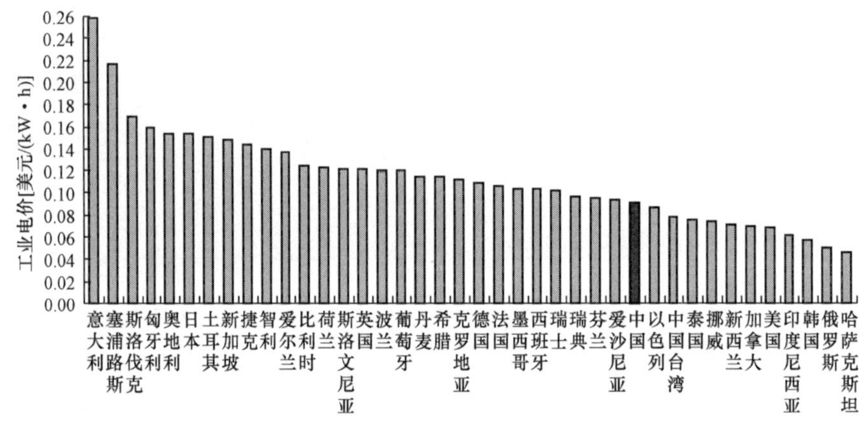

图 4-11 2010 年部分国家（地区）工业电价水平比较

2010 年，24 个国家（地区）的工业电价及税费构成如表 4-11 和图 4-12 所示，不含税（消费税和增值税）的工业电价为 0.064～0.199 美元/(kW·h)，意大利最高，加拿大最低，中国位居倒数第四位。这些国家的工业电价中，税价占总价的比例为 1%～23%，意大利的税价占比最高，其次是挪威、土耳其、奥地利、爱沙尼亚等欧洲国家，均超过 15%，中国的税价占比为 14.5%，位居第七位。

表 4-11　　2010年部分国家（地区）工业电价及税费构成比较

美元/(kW·h)

国家（地区）	不含税价	消费税	增值税	含税价	税价占含税价比例（%）
意大利	0.199	0.059		0.258	22.8
匈牙利	0.159	0.001		0.160	0.8
奥地利	0.128	0.026		0.154	17.2
日本	0.142	0.004	0.007	0.154	7.5
土耳其	0.123	0.005	0.023	0.151	18.5
捷克	0.142	0.002		0.144	1.1
比利时	0.111	0.014		0.125	11.0
荷兰	0.105	0.018		0.123	14.8
斯洛文尼亚	0.110	0.011		0.121	9.4
英国	0.117	0.004		0.121	3.4
波兰	0.113	0.007		0.120	5.5
丹麦	0.104	0.010		0.114	8.9
希腊	0.099	0.015		0.114	13.6
克罗地亚	0.111	0.001		0.112	0.8
法国	0.095	0.011		0.106	10.5
西班牙	0.098	0.005		0.103	4.9
瑞士	0.098	0.004		0.102	4.2
瑞典	0.095	0.001		0.096	0.7
芬兰	0.092	0.003		0.095	3.6
爱沙尼亚	0.077	0.016		0.093	16.8
中国	0.078		0.013	0.091	14.5
中国台湾	0.074		0.004	0.078	4.7
挪威	0.059		0.015	0.074	19.9
加拿大	0.064		0.006	0.070	8.9

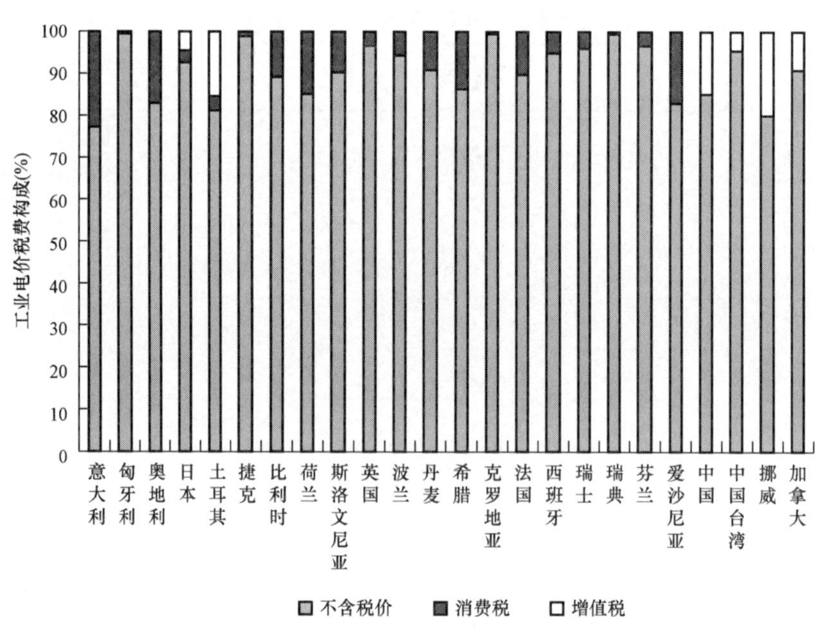

图 4-12　2010 年部分国家（地区）工业电价税费构成比较

各国工业电价水平变化趋势，受本国乃至世界一次能源价格、经济发展、资源稀缺程度、电力需求、电力体制改革等多因素的影响。2010 年，哈萨克斯坦、塞浦路斯、挪威的工业电价涨幅最高，超过 20％；爱尔兰的工业电价跌幅最大，达到 15.0％；中国，受销售电价上调的影响，工业电价涨幅较高，为 11.2％。从长期来看，能源供需形势日益紧张，能源价格不断上涨，影响各国工业电价水平持续上涨。2006—2010 年部分国家（地区）工业电价如表 4-12 和图 4-13 所示。这 40 个国家（地区）的工业电价总体呈现上涨趋势，年均增长率为-4.1％～22.3％。除日本、比利时、以色列、泰国以外，大多数国家（地区）的工业电价呈逐年上涨态势，中国涨幅较低，为 4.6％。

表 4-12　　2006—2010 年部分国家（地区）工业电价情况　　本币元/(kW·h)

国家（地区）	2006 年	2007 年	2008 年	2009 年	2010 年	年均增长率（%）	2010 年同比增长（%）
哈萨克斯坦	3.026	4.046	4.692	5.605	6.776	22.3	20.9
法国	0.041	0.067	0.072	0.077	0.080	18.5	3.9
智利	40.301	50.157	75.913	73.780	71.397	15.4	−3.2
匈牙利	22.092	24.602	29.325	32.336	—	13.5	—
爱沙尼亚	—	—	0.055	0.060	0.070	13.3	16.1
波兰	0.227	0.227	0.287	0.374	0.362	12.4	−3.3
土耳其	0.143	0.142	0.181	0.213	0.226	12.2	6.0
俄罗斯	0.979	0.972	1.243	1.492	1.513	11.5	1.4
瑞典	—	0.514	0.627	0.635	0.691	10.4	8.8
奥地利	0.087	0.098	0.105	—	—	10.1	—
克罗地亚	0.426	0.423	0.464	0.581	0.619	9.8	6.5
塞浦路斯	0.114	—	0.163	0.135	0.164	9.5	20.9
斯洛伐克	0.096	0.112	0.123	0.140	0.128	7.3	−9.1
中国台湾	1.887	1.938	2.112	2.479	2.470	7.0	−0.3
捷克	2.123	2.333	2.579	2.819	2.748	6.7	−2.5
芬兰	—	0.059	0.066	0.070	0.072	6.6	2.7
德国	0.075	0.080	—	—	—	6.2	—
韩国	61.880	64.101	66.060	73.950	—	6.1	—
挪威	0.353	0.281	0.361	0.371	0.447	6.1	20.5
希腊	—	—	0.077	0.082	0.086	6.0	4.9
加拿大	0.067	0.068	0.075	0.067	0.072	5.7	7.1
英国	0.064	0.065	0.080	0.086	0.078	5.4	−8.7
墨西哥	1.079	1.115	1.405	1.161	1.314	5.0	13.1

续表

国家（地区）	2006年	2007年	2008年	2009年	2010年	年均增长率（%）	2010年同比增长（%）
新加坡	0.153	0.169	0.200	0.175	0.205	4.8	16.7
新西兰	0.093	0.093	0.101	—	—	4.6	—
中国	0.516	0.514	0.536	0.555	0.618	4.6	11.2
意大利	0.167	0.173	0.198	0.199	0.195	3.9	−2.0
丹麦	0.576	0.550	0.663	0.595	0.641	2.7	7.7
美国	0.062	0.064	0.068	0.068	0.068	2.3	—
爱尔兰	0.097	0.109	0.127	0.122	0.103	1.6	−15.0
瑞士	0.100	0.101	0.102	0.102	0.106	1.5	4.2
荷兰	—	0.089	0.096	0.102	0.093	1.4	−8.5
斯洛文尼亚	—	—	0.089	0.096	0.091	1.4	−5.3
印度尼西亚	622.812	621.588	620.736	644.180	—	1.1	—
葡萄牙	0.088	0.094	0.090	0.091	0.091	0.8	−0.9
西班牙	0.073	0.066	0.086	0.074	—	0.7	—
日本	13.613	13.660	14.371	14.784	13.515	−0.2	−8.6
比利时	—	—	0.095	0.100	0.094	−0.4	−5.7
以色列	0.348	0.337	0.402	0.381	0.325	−1.7	−14.8
泰国	2.955	2.520	2.498	2.606	—	−4.1	—

资料来源：《ENERGY PRICE & TAXES，2nd Quarter 2011》，IEA。

（二）居民电价

2010年，39个国家（地区）的居民电价如表4-13和图4-14所示，这些国家（地区）的居民电价水平为0.056～0.356美元/(kW•h)。其中，中国的居民电价为0.070美元/(kW•h)，处于较低水平（倒数第三位），仅为其余38国平均水平的38%，约为美国的60%、日本的32%、韩国的84%。

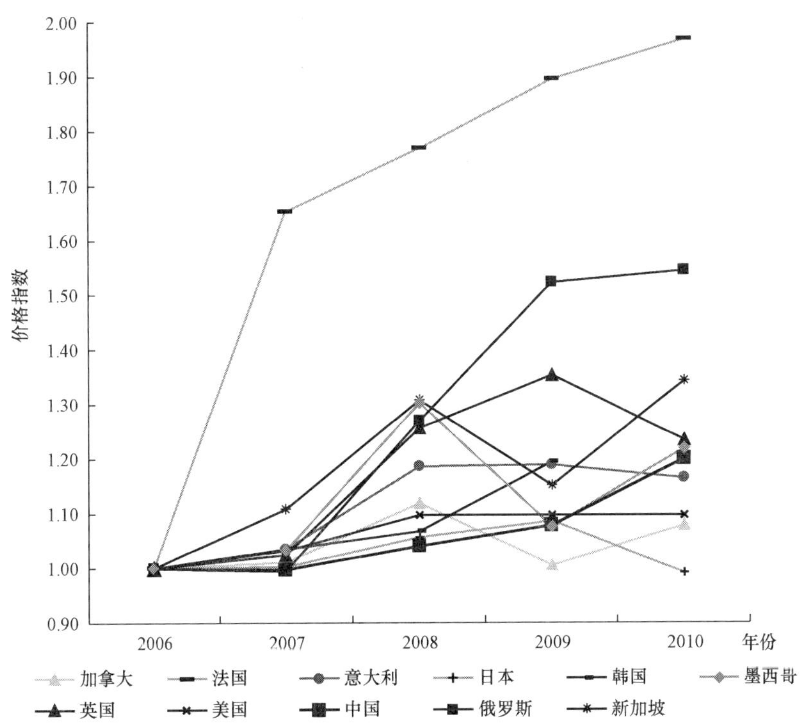

图 4-13 2006—2010 年部分国家工业电价走势比较

表 4-13 2010 年部分国家（地区）居民电价水平比较

美元/(kW·h)

国家（地区）	2010 年	国家（地区）	2010 年
丹麦	0.356	智利	0.229
德国	0.325	荷兰	0.221
意大利	0.263	瑞典	0.218
奥地利	0.258	葡萄牙	0.215
塞浦路斯	0.255	斯洛伐克	0.213
爱尔兰	0.233	西班牙	0.212
比利时	0.232	匈牙利	0.206
日本	0.232	英国	0.199

续表

国家（地区）	2010年	国家（地区）	2010年
捷克	0.186	以色列	0.14
斯洛文尼亚	0.186	爱沙尼亚	0.127
土耳其	0.184	美国	0.116
新西兰	0.182	泰国	0.098
新加坡	0.181	加拿大	0.095
瑞士	0.18	中国台湾	0.093
波兰	0.179	墨西哥	0.089
挪威	0.176	韩国	0.083
芬兰	0.175	中国	0.07
希腊	0.158	印度尼西亚	0.057
法国	0.157	哈萨克斯坦	0.056
克罗地亚	0.156		

资料来源：《ENERGY PRICE & TAXES，2nd Quarter 2011》，IEA。

注 西班牙、匈牙利、印度尼西亚的电价为2009年水平。

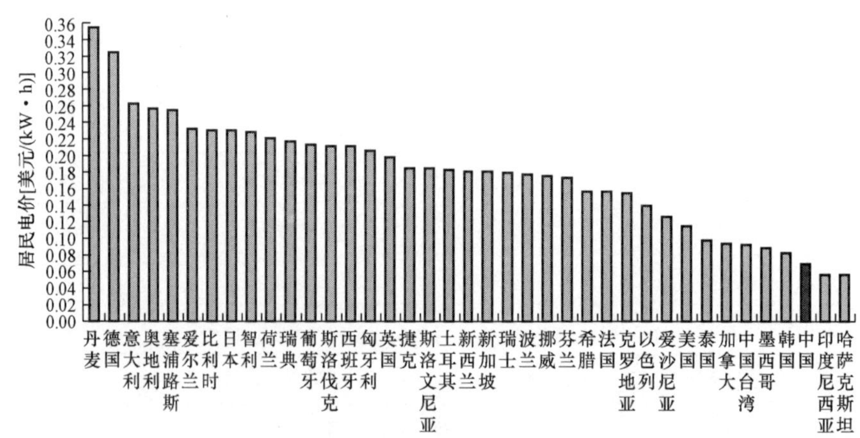

图4-14 2010年部分国家（地区）居民电价比较

2010年，33个国家（地区）居民电价及税费构成如表4-14和图4-15所示，不含税（消费税和增值税）的居民电价为0.050～

0.217 美元/(kW•h)，日本最高，哈萨克斯坦最低，中国位居倒数第二位。这些国家的居民电价中，税价占总价的比例为 4.8%～56.1%，丹麦最高；其次是德国、瑞典、挪威等欧洲国家，均超过 30%；中国税价比重为 14.5%，位居第 22 位，属于中等偏低水平。

表 4-14 2010 年部分国家（地区）居民电价及税费构成比较

美元/(kW•h)

国家（地区）	不含税价	消费税	增值税	含税价	税价占含税价比例（%）
丹麦	0.156	0.128	0.071	0.356	56.1
德国	0.188	0.085	0.052	0.325	42.2
意大利	0.195	0.045	0.024	0.263	26.0
奥地利	0.187	0.028	0.043	0.258	27.5
爱尔兰	0.205		0.028	0.233	11.9
比利时	0.169	0.023	0.040	0.232	27.1
日本	0.217	0.004	0.011	0.232	6.6
智利	0.192		0.037	0.229	16.0
荷兰	0.179	0.007	0.035	0.221	19.1
瑞典	0.137	0.037	0.044	0.218	37.2
葡萄牙	0.204		0.011	0.215	5.2
斯洛伐克	0.179		0.034	0.213	15.9
西班牙	0.174	0.009	0.029	0.212	18.0
匈牙利	0.168		0.038	0.206	18.4
英国	0.190		0.009	0.199	4.7
捷克	0.154	0.002	0.031	0.187	17.5
斯洛文尼亚	0.140	0.015	0.031	0.186	24.7
土耳其	0.144	0.012	0.028	0.184	21.5
新西兰	0.161		0.021	0.182	11.6

续表

国家（地区）	不含税价	消费税	增值税	含税价	税价占含税价比例（%）
瑞士	0.163	0.004	0.013	0.180	9.4
波兰	0.140	0.007	0.032	0.179	21.8
挪威	0.123	0.018	0.035	0.176	30.3
芬兰	0.131	0.012	0.032	0.175	25.1
希腊	0.128	0.016	0.015	0.158	19.2
法国	0.117	0.017	0.023	0.157	25.7
克罗地亚	0.126	0.001	0.029	0.156	19.0
以色列	0.121		0.019	0.140	13.8
爱沙尼亚	0.090	0.016	0.021	0.127	29.3
加拿大	0.088			0.095*	7.9
中国台湾	0.089		0.004	0.093	4.8
墨西哥	0.077		0.012	0.089	13.8
中国	0.060		0.010	0.070	14.5
哈萨克斯坦	0.050		0.006	0.056	10.8

* 加拿大的税价为 0.007 美元/(kW·h)，分项税价未提供。

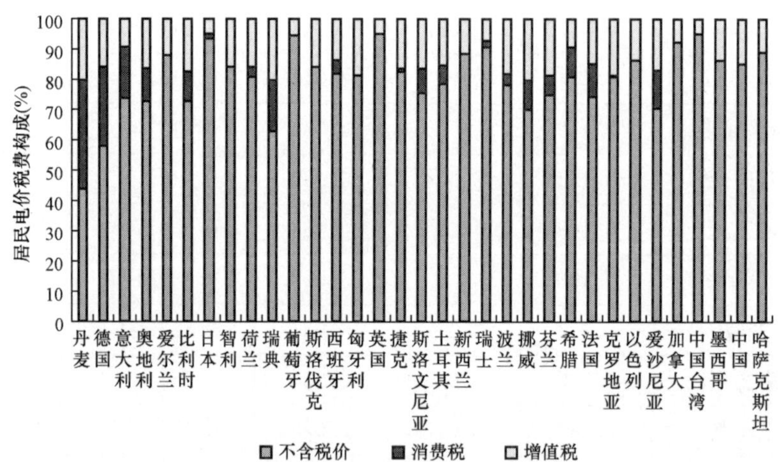

图 4-15 2010 年部分国家（地区）居民电价税费构成比较

居民电价与工业电价类似，受一次能源价格、经济发展、资源稀缺程度、电力需求、电力体制改革、居民用电比重等因素的影响，但影响程度与工业电价不同，因此年均增长率与工业电价年均增长率存在一定差异。2010年，挪威、塞浦路斯的居民电价涨幅最高，超过20%；荷兰的工业电价跌幅最大，达到10.2%；中国居民电价没有调整，变化幅度较小，受电量结构影响微涨1.6%。2006—2010年部分国家（地区）居民电价情况及走势比较如表4-15和图4-16所示。这39个国家（地区）近年的居民电价总体呈现上涨趋势，年均增长率为-5.1%～16.1%。除日本、比利时、荷兰以外，大多数国家（地区）的居民电价呈逐年上涨态势，中国涨幅较低，为1.0%。

表4-15　　2006—2010年部分国家（地区）居民电价情况

本币元/(kW·h)

国家（地区）	2006年	2007年	2008年	2009年	2010年	年均增长率（%）	2010年同比增长（%）
哈萨克斯坦	4.540	5.272	6.256	6.933	8.249	16.1	19.0
土耳其	0.159	0.159	0.214	0.255	0.276	14.8	8.1
智利	72.118	86.730	120.938	119.613	116.785	12.8	-2.4
匈牙利	30.298	34.517	38.640	41.633	—	11.2	—
斯洛文尼亚	—	—	0.115	0.132	0.140	10.5	6.6
爱沙尼亚	—	—	0.080	0.089	0.096	9.5	7.4
德国	0.177	0.192	0.221	0.233	0.245	8.5	5.5
波兰	0.410	0.418	0.465	0.521	0.540	7.1	3.6
芬兰	0.102	0.106	0.118	0.125	0.132	6.7	5.5
捷克	2.755	2.962	3.262	3.658	3.549	6.5	-3.0
英国	0.101	0.110	0.126	0.132	0.129	6.3	-2.3
奥地利	0.139	0.156	0.176	0.184	0.195	6.1	5.7
瑞典	—	1.325	1.438	1.485	1.570	5.8	5.7

续表

国家（地区）	2006年	2007年	2008年	2009年	2010年	年均增长率（%）	2010年同比增长（%）
希腊	—	—	0.107	0.109	0.119	5.4	9.0
新西兰	0.205	0.219	0.234	0.242	0.253	5.3	4.6
西班牙	0.132	0.137	0.149	0.153	—	5.1	—
克罗地亚	0.707	0.708	0.780	0.861	0.862	5.1	0.1
中国台湾	2.570	2.627	2.711	2.908	2.945	3.5	1.3
瑞士	0.165	0.163	0.167	0.178	0.188	3.2	5.4
美国	0.104	0.107	0.113	0.115	0.116	2.8	0.9
爱尔兰	0.159	0.178	0.183	0.184	0.176	2.6	-4.2
葡萄牙	0.147	0.156	0.150	0.155	0.162	2.6	4.9
意大利	0.180	0.188	0.209	0.204	0.199	2.5	-2.9
挪威	1.001	0.773	0.853	0.837	1.064	1.5	27.2
泰国	3.220	3.141	3.131	3.360	—	1.4	—
印度尼西亚	567.858	575.883	591.639	592.230	—	1.4	—
中国	0.457	0.471	0.469	0.467	0.475	1.0	1.6
加拿大	0.093	0.096	0.096	0.097	0.098	1.3	0.9
斯洛伐克	0.154	0.154	0.156	0.166	0.161	1.2	-3.3
丹麦	1.914	1.872	2.019	1.956	2.001	1.1	2.3
法国	0.115	0.114	0.112	0.114	0.119	0.8	3.5
以色列	0.508	0.509	0.559	0.538	0.522	0.7	-2.9
韩国	93.296	94.758	97.989	98.175	95.865	0.7	-2.4
墨西哥	1.101	1.016	1.071	1.080	1.124	0.5	4.1
新加坡	0.221	0.216	0.269	0.223	0.251	0.3	12.2
塞浦路斯	—	—	0.192	0.159	0.192	0.0	20.8
日本	20.710	20.726	21.298	21.334	20.360	-0.4	-4.6
比利时	—	—	0.182	0.168	0.175	-1.9	4.4
荷兰	0.206	0.208	0.166	0.186	0.167	-5.1	-10.2

资料来源：《ENERGY PRICE & TAXES，2nd Quarter 2011》，IEA。

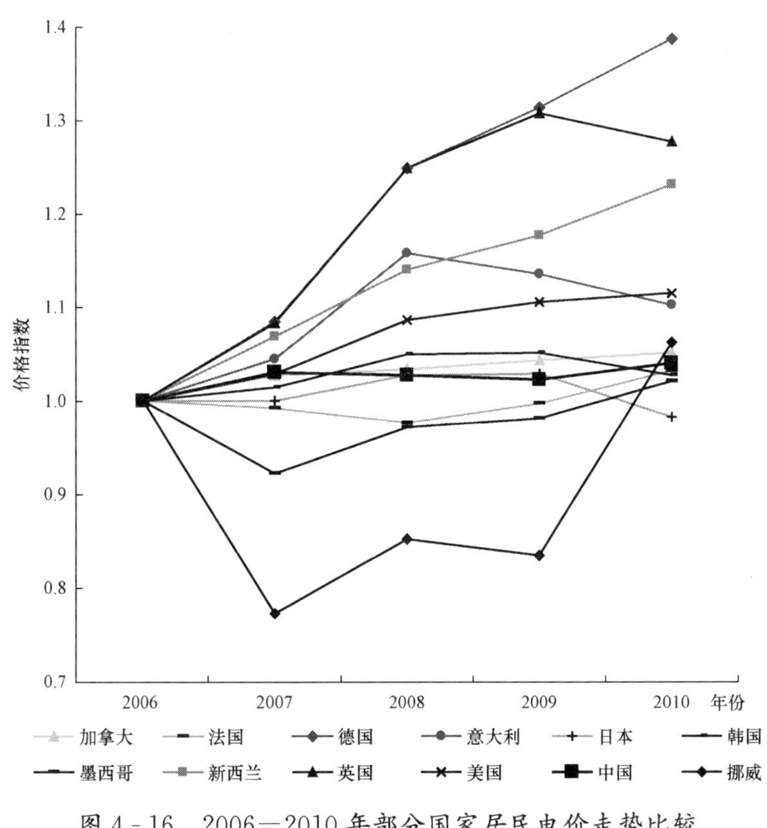

图 4-16 2006—2010 年部分国家居民电价走势比较

4.5 电价比价分析

4.5.1 用户电价比价

2010 年，39 个国家（地区）的居民电价与工业电价比价如表 4-16 和图 4-17 所示，比价水平为 0.77～3.12。除印度尼西亚、墨西哥、中国以外，其他国家的居民电价与工业电价比价均大于 1。由于用电特性不同，居民用电的输配电成本高于工业用电。国际上，居民电价一般高于工业电价，平均约为 1.57。丹麦、德国、英国等多数欧洲国家，以及美国、日本等国，居民电价与工业电价比价均高于平均水平。印度尼西亚、墨西哥、中国的用户电价结构显著不合理，工业用户对居民用户的交叉补贴非常显著。

表 4-16 2010 年部分国家（地区）居民电价与工业电价比价

国家（地区）	2010 年	国家（地区）	2010 年
丹麦	3.12	法国	1.48
德国	2.41	克罗地亚	1.39
挪威	2.38	希腊	1.39
新西兰	2.31	爱沙尼亚	1.37
瑞典	2.27	加拿大	1.36
西班牙	2.06	韩国	1.33
比利时	1.86	捷克	1.29
芬兰	1.84	泰国	1.29
荷兰	1.80	匈牙利	1.29
葡萄牙	1.79	斯洛伐克	1.26
瑞士	1.76	新加坡	1.22
美国	1.71	土耳其	1.22
爱尔兰	1.70	哈萨克斯坦	1.22
奥地利	1.67	中国台湾	1.19
英国	1.64	塞浦路斯	1.18
智利	1.64	意大利	1.02
以色列	1.61	印度尼西亚	0.92
斯洛文尼亚	1.54	墨西哥	0.86
日本	1.51	中国	0.77
波兰	1.49		

资料来源：《ENERGY PRICE & TAXES，2nd Quarter 2011》，IEA。

2006—2010 年，39 个国家（地区）的居民电价与工业电价比价见表 4-17 及图 4-18。除法国、挪威、西班牙外，各国家（地区）比价走势基本平稳，受各国销售电价结构调整的影响，各国居民电价与

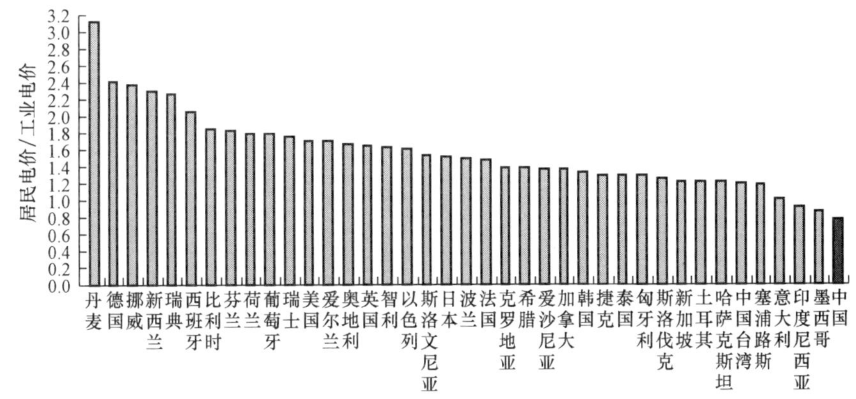

图 4-17 2010 年部分国家（地区）居民电价与工业电价比价

工业电价的比价有微小的上升或下降趋势。法国，2007—2009 年，工业电价大幅上升，而居民电价逐步回落，用户电价比价明显下降；挪威，2007—2009 年，工业电价和居民电价均有所下降，但工业电价下降幅度小于居民电价下降幅度，用户电价比价逐年下降；西班牙，受工业电价大幅波动影响，用户电价比价有较大波动。

表 4-17 2006—2010 年部分国家（地区）居民电价与工业电价比价

国家（地区）	2006 年	2007 年	2008 年	2009 年	2010 年
奥地利	1.60	1.60	1.67	—	—
比利时	—	—	1.91	1.68	1.86
加拿大	1.39	1.41	1.29	1.44	1.36
智利	1.79	1.73	1.59	1.62	1.64
捷克	1.30	1.27	1.26	1.30	1.29
丹麦	3.32	3.41	3.05	3.29	3.12
爱沙尼亚	—	—	1.46	1.48	1.37
芬兰	—	1.79	1.77	1.79	1.84
法国	2.82	1.70	1.56	1.49	1.48
德国	2.36	2.41	—	—	—

续表

国家（地区）	2006 年	2007 年	2008 年	2009 年	2010 年
希腊	—	—	1.40	1.33	1.39
匈牙利	1.37	1.40	1.32	1.29	—
爱尔兰	1.63	1.64	1.44	1.51	1.70
以色列	1.46	1.51	1.39	1.41	1.61
意大利	1.08	1.09	1.05	1.03	1.02
日本	1.52	1.52	1.48	1.44	1.51
韩国	1.51	1.48	1.48	1.33	—
墨西哥	1.02	0.91	0.76	0.93	0.86
荷兰	—	2.34	1.74	1.83	1.80
新西兰	2.22	2.37	2.31	—	—
挪威	2.84	2.75	2.36	2.25	2.38
波兰	1.81	1.84	1.62	1.39	1.49
葡萄牙	1.67	1.66	1.68	1.69	1.79
斯洛伐克	1.59	1.37	1.26	1.18	1.26
斯洛文尼亚	—	—	1.29	1.37	1.54
西班牙	1.81	2.08	1.74	2.06	—
瑞典	—	2.58	2.29	2.34	2.27
瑞士	1.65	1.62	1.64	1.74	1.76
土耳其	1.11	1.12	1.19	1.20	1.22
英国	1.59	1.68	1.58	1.54	1.64
美国	1.68	1.67	1.66	1.69	1.71
中国	0.89	0.92	0.88	0.84	0.77
中国台湾	1.36	1.36	1.28	1.17	1.19
克罗地亚	1.66	1.67	1.68	1.48	1.39
塞浦路斯	—	—	1.18	1.18	1.18
印度尼西亚	0.91	0.93	0.95	0.92	—

续表

国家（地区）	2006 年	2007 年	2008 年	2009 年	2010 年
哈萨克斯坦	1.50	1.30	1.33	1.24	1.22
新加坡	1.45	1.28	1.35	1.27	1.22
泰国	1.09	1.25	1.25	1.29	—

资料来源：《ENERGY PRICE & TAXES，2nd Quarter 2011》，IEA。

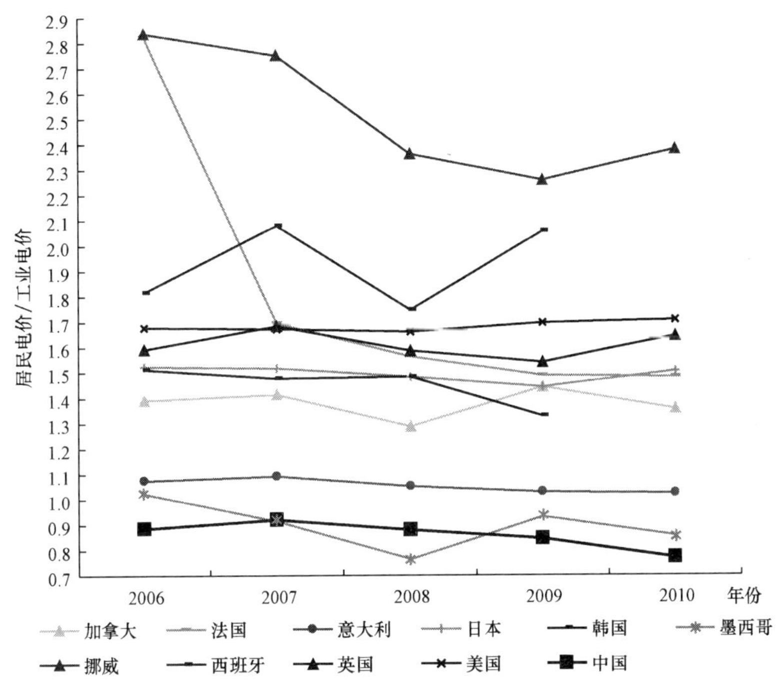

图 4-18　2006—2010 年部分国家居民电价与工业电价比价

4.5.2 分环节电价比价

分环节电价比价为输配电价与销售电价的比值，如表 4-18 所示，部分国家输配电价与销售电价比价水平为 28%～74%。相比之下，中国输配电价占销售电价的比重（28.0%）远低于美国（35.6%）、新西兰（43.0%）、巴西（55.4%）等国家。

表 4-18　　部分国家输配电价占销售电价比重　　%

国　　家	输配电价比重	国　　家	输配电价比重
阿尔巴尼亚	74.0	克罗地亚	43.8
科索沃	72.4	新西兰	43.0
黑山	59.6	美国	35.6
巴西	55.4	爱尔兰	34.0
波斯尼亚和黑塞哥维那	50.1	中国	28.0
马其顿	46.3		

资料来源：1. 美国：Annual Electric Power Industry Report，EIA。
2. 巴西：Brazilian Electricity Sector Overview，2009。
3. 爱尔兰：Factsheet：Electricity Prices in Ireland。
4. 阿尔巴尼亚、波黑、克罗地亚、马其顿、黑山、科索沃：Electricity Prices and Tariffs in the Energy Community，Energy Community Regulatory Board，2008—2009。
5. 新西兰：International and domestic electricity tariffs and tariff structures DRAFT，Toby Stevenson & Ren é Le Prou，May 2008。
6. 中国：电力监管委员会。

4.6 电力价格展望

从国际上来看，美国、英国、澳大利亚及欧洲等地电力市场化改革持续推进，上网电价的市场化程度逐渐提高，总体而言，未来上网电价将受燃料成本上涨的影响而上涨。上网电价的上涨，将传导到终端用户，引起销售电价的调整。

我国电价基本由政府定价。2011 年，我国政府先后三次调整电价。第一次，4 月 10 日起，山西、青海、甘肃、海南、陕西、山东、重庆、河南、湖北、四川、河北、贵州 12 个省（市）的上网电价，平均上调约 2 分/(kW·h)；第二次，6 月 1 日起，4 月 10 日调价的 12 个省（市），以及安徽、湖南、江西共 15 个省（市）的工商业、农业用电价格，平均上调约 1.67 分/(kW·h)，湖南、江西、安徽三省上网电价分别上调 2.39、2.62、2 分/(kW·h)；第三次，12 月 1 日起，全国销售电价平均上调约 3 分/(kW·h)，煤电企业上网电价平均上调约 2.6 分/(kW·h)。2012 年，从调价翘尾因素考虑，我国平均上网电价及平均销售电价水平将较 2011 年有所提高。

5

能源比价分析

5.1 比价分析方法

（一）能源比价的含义

能源比价，是指各种常规能源的价格比，以及常规能源与二次能源之间的价格比。通常对煤炭、石油、天然气与电力等不同能源价格的比较，形成既包括不同能源类型之间的比价，也包括同类能源不同品种之间的比价。影响比价的主要因素有商品的价值、商品的供求关系、国家有关政策等。

合理能源比价关系既能反映各种能源资源的赋存条件和稀缺性，引导能源的合理利用；又能反映各能源产业开发利用的成本，促进能源结构的优化和协调发展。在市场化条件下，一国不同能源价格在国际价格水平中所处的位置应大致相当。

（二）能源比价分析的条件

分析能源比价，基本条件主要是能源是否可替代和是否有关联。

(1) 可替代性，即能源相互之间是可以替代的，可实现同样的功能目标。

(2) 强关联性，即能源之间有前后、因果等关系，前一种能源的生产与消费影响后一种能源的生产与消费，同样，后一种能源的生产与消费对前一种能源的生产与消费具有反馈作用。

（三）主要分析方法

本章对国内外煤炭、石油、天然气、电力等能源，统一选取“反映终端市场的含税价格”，以国家标准局的规定为折算标准将各种能源统一折换成以“标准煤”计价的形式进行比较分析。

分析采取三种方法：

(1) 热值比价法（折标法）。

将不同能源按热值统一折算后进行比价分析。

热值是指单位质量（固体或液体）或单位体积（气体）的燃料完全燃烧，燃烧产物冷却到燃烧前的温度（一般为环境温度）时所释放出来的热量。

(2) 终端等效比价法。

在终端效用相等的情况下，比较利用不同能源的合理比价。

具体方法是：在热值比价法的基础上，引入热效率系数，使得终端效用相等。

(3) 完全成本比价法。

以全部成本替代现行的实际价格计算出的比价。全部成本包括合理的供应成本、合理的利润和环境治理成本。

具体方法为：将每种能源行业所有者权益乘以合理的权益回报率为合理利润，将生产成本加上合理利润，再加上造成的环境成本作为总成本，再除行业总的消费量，即得到合理价格。

5.2　基于热值的能源比价分析

（一）分析对象

主要对国内外2006—2010年原油、天然气、电力和煤炭的比价进行分析。先对中国和美国的总能源比价进行分析，然后再对中国和欧美国家（芬兰、法国、爱尔兰、意大利、韩国、墨西哥、波兰、葡萄牙、土耳其、英国、美国等）分工业和居民类别进行比价分析。

（二）数据说明

国外能源价格数据均来源于 IEA、EIA 等。

原油价格为各国原油进口到岸价，数据缺失的国家则用各国原油进口到岸价的平均值代替。

煤炭选取动力煤。考虑国内外动力煤大多都是用作锅炉产生蒸汽使用，因此选取工业锅炉煤价作为煤炭价格的代表来与我国的煤价作对比；国内煤炭价格选取秦皇岛现货价格。

（三）测算结果及分析

(1) 中美能源比价。

基于热值的中美 2006—2010 年能源比价如表 5 - 1 所示。

表 5 - 1　基于热值的中美 2006—2010 年能源比价

能源	油	气	电	煤
中国	3.1	2.1	5.0	1
美国	5.1	4.1	10.9	1

注　均值为算术平均值，下同。

从表 5 - 1 可见，我国 2006—2010 年原油、天然气、电力与煤炭比价均低于美国，尤其是电力与煤炭比价差额更大。

(2) 工业用能源比价。

基于热值的国内外 2006—2010 年工业用能源比价总体情况如表 5 - 2 所示，国内外原油、工业用天然气、工业用电与动力煤的比价走势分别如图 5 - 1～图 5 - 3 所示。

表 5-2　　基于热值的国内外 2006—2010 年工业用能源比价总体情况

国家	2006年				2007年				2008年				2009年				2010年				平均值			
	油	气	电	煤	油	气	电	煤	油	气	电	煤	油	气	电	煤	油	气	电	煤	油	气	电	煤
中国	**3.9**	**2.3**	**6.4**	**1**	**3.6**	**2.3**	**6.0**	**1**	**3.1**	**1.7**	**3.9**	**1**	**2.3**	**2.2**	**5.0**	**1**	**2.5**	**2.1**	**4.8**	**1**	**3.1**	**2.1**	**5.2**	**1**
芬兰	2.1	1.3	4.1	1	2.2	1.3	4.0	1	2.0	1.2	3.2	1	1.6	1.3	4.1	1	2.1	1.4	4.0	1	2.0	1.3	3.9	1
意大利	4.0	4.5	21.7	1	3.7	3.9	19.8	1	3.0	3.1	14.5	1	2.4	3.3	17.4	1	3.2	3.0	16.5	1	3.3	3.6	18.0	1
韩国	5.2	6.3	8.7	1	4.7	5.7	7.5	1	4.0	3.1	3.9	1	3.3	4.0	5.0	1	—	—	—	1	4.3	4.8	6.3	1
波兰	3.9	2.8	7.3	1	3.7	3.0	6.9	1	3.7	3.1	7.2	1	2.5	2.7	7.9	1	3.2	2.8	7.8	1	3.4	2.9	7.4	1
瑞士	2.9	3.4	5.9	1	2.5	3.1	4.7	1	2.0	2.3	3.0	1	1.9	3.4	4.7	1	2.2	2.8	4.6	1	2.3	3.0	4.6	1
土耳其	4.0	3.4	10.2	1	3.1	3.0	7.7	1	3.3	2.9	7.4	1	2.2	2.6	8.1	1	2.9	2.3	8.9	1	3.1	2.8	8.4	1
英国	3.3	3.0	9.6	1	3.3	2.3	9.3	1	3.9	2.7	9.1	1	2.9	2.3	9.9	1	3.1	1.8	7.6	1	3.3	2.4	9.1	1
美国	4.9	3.8	8.1	1	5.2	3.5	8.0	1	6.4	3.8	7.4	1	3.9	2.0	7.2	1	5.1	2.1	7.2	1	5.1	3.1	7.6	1
高值	**5.2**	**6.3**	**21.7**	**1**	**5.2**	**5.7**	**19.8**	**1**	**6.4**	**3.8**	**14.5**	**1**	**3.9**	**4.0**	**17.4**	**1.0**	**5.1**	**3.0**	**16.5**	**1**	**5.1**	**3.6**	**18.0**	**1**
低值	**2.1**	**1.3**	**4.1**	**1**	**2.2**	**1.3**	**4.0**	**1**	**2.0**	**1.2**	**3.0**	**1**	**1.6**	**1.3**	**4.1**	**1.0**	**2.1**	**1.4**	**4.0**	**1**	**2.0**	**1.3**	**3.9**	**1**
平均值	**3.8**	**3.4**	**9.1**	**1**	**3.6**	**3.1**	**8.2**	**1**	**3.5**	**2.6**	**6.6**	**1**	**2.6**	**2.7**	**7.7**	**1.0**	**3.0**	**2.3**	**7.7**	**1**	**3.2**	**2.6**	**8.0**	**1**

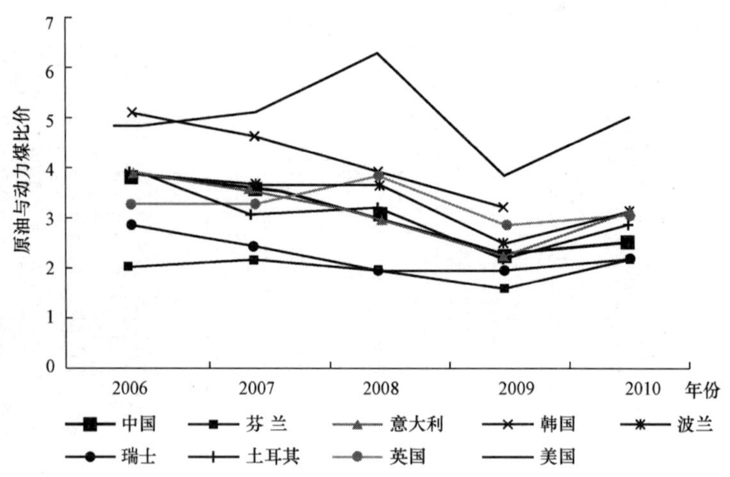

图5-1 基于热值的国内外2006—2010年原油与动力煤比价走势

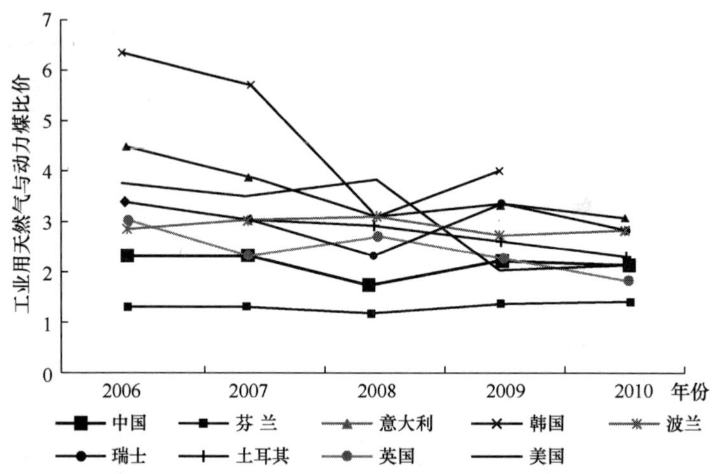

图5-2 基于热值的国内外2006—2010年工业用天然气与动力煤比价走势

从表5-2可见，**我国原油与煤炭比价接近各国平均水平；工业用天然气及工业电价与煤炭比价均低于国外平均水平**。

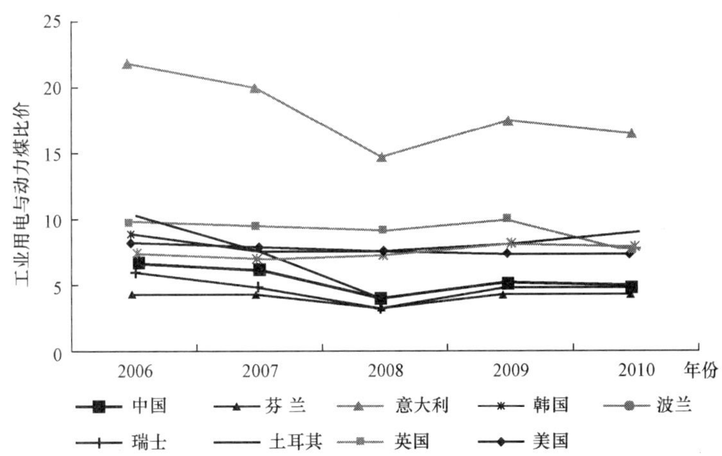

图 5-3 基于热值的国内外 2006—2010 年工业用电与动力煤比价走势

(3) 居民用能源比价分析。

基于热值的国内外 2006—2010 年居民用能源比价总体情况如表 5-3 所示，国内外居民用天然气、居民用电与动力煤的比价走势分别如图 5-4、图 5-5 所示。

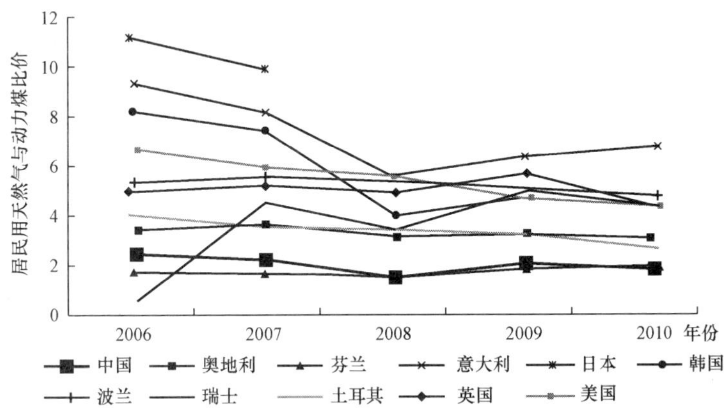

图 5-4 基于热值的国内外 2006—2010 年居民用天然气与动力煤比价走势

表 5-3　基于热值的国内外 2006—2010 年居民用能源比价总体情况

国家	2006 年				2007 年				2008 年				2009 年				2010 年				平均值			
	油	气	电	煤	油	气	电	煤	油	气	电	煤	油	气	电	煤	油	气	电	煤	油	气	电	煤
中国	**3.9**	**2.5**	**5.7**	**1**	**3.6**	**2.3**	**5.3**	**1**	**3.1**	**1.5**	**3.4**	**1**	**2.3**	**2.0**	**4.2**	**1**	**2.5**	**1.9**	**3.7**	**1**	**3.1**	**2.0**	**4.5**	**1**
奥地利	1.8	3.4	7.8	1	1.8	3.6	8.6	1	2.1	3.2	8.4	1	1.3	3.3	8.5	1	1.7	3.1	0.9	1	1.7	3.3	6.8	1
芬兰	2.1	1.8	7.0	1	2.2	1.8	7.1	1	2.0	1.6	5.6	1	1.6	1.9	7.4	1	2.1	2.0	7.4	1	2.0	1.8	6.9	1
意大利	4.0	9.3	23.4	1	3.7	8.1	21.5	1	3.0	5.5	15.2	1	2.4	6.4	17.9	1	3.2	6.7	16.8	1	3.3	7.2	19.0	1
日本	3.7	11.1	16.6	1	3.6	9.8	14.6	1	3.1	—	10.0	1	2.1	0.0	12.2	1	2.8	—	13.1	1	3.1	7.0	13.3	1
韩国	5.2	8.2	13.1	1	4.7	7.4	11.0	1	4.0	4.0	5.8	1	3.3	4.8	6.6	1	—	—	—	1	4.3	6.1	9.1	1
波兰	3.9	5.3	13.2	1	3.7	5.5	12.7	1	3.7	5.4	11.6	1	2.5	5.1	11.1	1	3.2	4.8	11.6	1	3.4	5.2	12.0	1
瑞士	2.9	0.5	9.7	1	2.5	4.7	7.6	1	2.0	3.4	5.0	1	1.9	5.0	8.3	1	2.2	4.4	8.1	1	2.3	3.6	7.7	1
土耳其	4.0	4.0	11.3	1	3.1	3.5	8.6	1	3.3	3.4	8.8	1	2.2	3.2	9.7	1	2.9	2.7	10.9	1	3.1	3.4	9.8	1
英国	3.3	5.0	15.3	1	3.3	5.2	15.7	1	3.9	4.9	14.4	1	2.9	5.6	15.1	1	3.1	4.4	12.4	1	3.3	5.0	14.6	1
美国	4.9	6.7	13.7	1	5.2	6.0	13.4	1	6.4	5.5	12.1	1	3.9	4.6	12.2	1	5.1	4.4	12.4	1	5.1	5.4	12.7	1
高值	**5.2**	**11.1**	**23.4**	**1**	**5.2**	**9.8**	**21.5**	**1**	**6.4**	**5.5**	**15.2**	**1**	**3.9**	**6.4**	**17.9**	**1**	**5.1**	**6.7**	**16.8**	**1**	**5.1**	**7.2**	**19.0**	**1**
低值	**1.8**	**0.5**	**5.7**	**1**	**1.8**	**1.8**	**5.3**	**1**	**2.0**	**1.5**	**3.4**	**1**	**1.3**	**0.0**	**4.2**	**1**	**1.7**	**1.9**	**0.9**	**1**	**1.7**	**1.8**	**4.5**	**1**
平均值	**3.6**	**5.2**	**12.4**	**1**	**3.4**	**5.3**	**11.5**	**1**	**3.3**	**3.8**	**9.1**	**1**	**2.4**	**3.8**	**10.3**	**1**	**2.9**	**3.8**	**9.7**	**1**	**3.2**	**4.5**	**10.6**	**1**

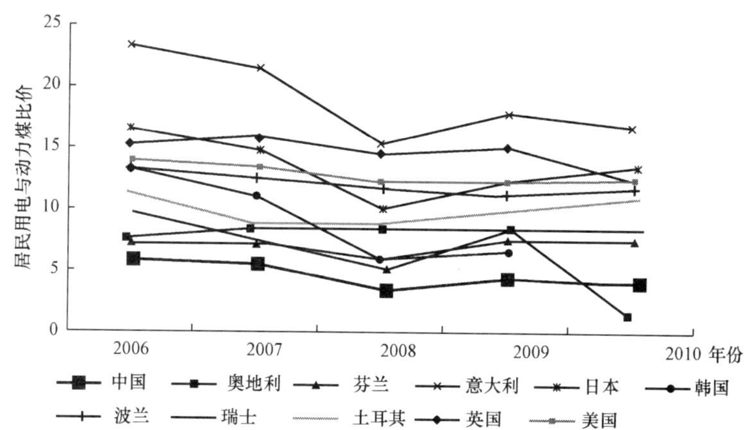

图 5-5 基于热值的国内外 2006—2010 年居民用电与动力煤比价走势

从表 5-3 可见，我国原油与煤炭比价接近国外平均水平，居民用天然气及居民电价与煤炭比价远低于各国平均水平。

5.3 基于终端等效的能源比价分析

（一）分析对象

在基于热值的能源比价分析结果的基础上，引入热效率系数进行调整，也就是将各类能源热值乘以统一的热效率系数然后再计算比价。同样先分析中美两国的总体能源比价，再分工业和居民两类对中国和欧美各国的能源比价进行分析。需要说明的是，由于居民用能源的热效率相对较低，所以居民能源比价与工业比价差别较大。

（二）数据说明

工业和居民用能源热效率系数见表 5-4。

表 5-4 工业和居民用能源热效率

类　别	油	气	电	煤
工业（锅炉）	0.95	0.95	0.97	0.95
居民（热水器）	0.8	0.8	0.95	0.55

（三）测算结果及分析

(1) 中美能源比价。

基于工业终端等效的中美2006—2010年能源比价如表5-5所示。

表5-5　基于工业终端等效的中美2006—2010年能源比价

类　别	油	气	电	煤
中国	3.1	2.1	5.1	1
美国	5.1	4.1	11.1	1

从表5-5可见，由于工业电力锅炉的热效率高于燃油、燃气和燃煤锅炉，所以**相对于热值比价法，基于终端等效的能源比价中，电价相对于其他能源的比价有所上升，其他能源之间的比价则保持不变**。

基于居民终端等效的中美2006—2010年能源比价如表5-6所示。

表5-6　基于居民终端等效的中美2006—2010年能源比价

类　别	油	气	电	煤
中国	3.1	3.0	8.7	1
美国	5.1	4.1	10.9	1

从表5-6可见，由于居民燃煤热水器的热效率远低于燃油、燃气和电力热水器，所以**相对于热值比价法，基于居民终端等效的各类能源对煤炭的比价都有不同程度的上升，电力与煤炭的比价增长幅度最大**。

(2) 工业用能源比价分析。

基于终端等效的各国2006—2010年工业用能源比价总体情况如表5-7所示，国内外原油、工业用天然气、工业用电与动力煤的比价走势分别如图5-6～图5-8所示。

表 5-7　基于终端等效的国内外 2006—2010 年工业用能源比价总体情况

国家	2006 年				2007 年				2008 年				2009 年				2010 年				平均值			
	油	气	电	煤	油	气	电	煤	油	气	电	煤	油	气	电	煤	油	气	电	煤	油	气	电	煤
中国	**3.9**	**2.3**	**6.6**	**1**	**3.6**	**2.3**	**6.1**	**1**	**3.1**	**1.7**	**4.0**	**1**	**2.3**	**2.2**	**5.1**	**1**	**2.5**	**2.1**	**4.9**	**1**	**3.1**	**2.1**	**5.3**	**1**
芬兰	2.1	1.3	4.2	1	2.2	1.3	4.1	1	2.0	1.2	3.2	1	1.6	1.3	4.2	1	2.1	1.4	4.1	1	2.0	1.3	4.0	1
意大利	4.0	4.5	22.2	1	3.7	3.9	20.2	1	3.0	3.1	14.8	1	2.4	3.3	17.7	1	3.2	3.0	16.9	1	3.3	3.6	18.3	1
韩国	5.2	6.3	8.8	1	4.7	5.7	7.7	1	4.0	3.1	4.0	1	3.3	4.0	5.1	1	0.0	0.0	0.0	1	3.4	3.8	5.1	1
波兰	3.9	2.8	7.5	1	3.7	3.0	7.1	1	3.7	3.1	7.3	1	2.5	2.7	8.1	1	3.2	2.8	8.0	1	3.4	2.9	7.6	1
瑞士	2.9	3.4	6.0	1	2.5	3.1	4.8	1	2.0	2.3	3.1	1	1.9	3.4	4.8	1	2.2	2.8	4.7	1	2.3	3.0	4.7	1
土耳其	4.0	3.4	10.4	1	3.1	3.0	7.9	1	3.3	2.9	7.6	1	2.2	2.6	8.2	1	2.9	2.3	9.1	1	3.1	2.8	8.6	1
英国	3.3	3.0	9.8	1	3.3	2.3	9.5	1	3.9	2.7	9.3	1	2.9	2.3	10.1	1	3.1	1.8	7.7	1	3.3	2.4	9.3	1
美国	4.9	3.8	8.3	1	5.2	3.5	8.2	1	6.4	3.8	7.5	1	3.9	2.0	7.4	1	5.1	2.1	7.4	1	5.1	3.1	7.7	1
高值	**5.2**	**6.3**	**22.2**	**1**	**5.2**	**5.7**	**20.2**	**1**	**6.4**	**3.8**	**14.8**	**1**	**3.9**	**4.0**	**17.7**	**1**	**5.1**	**3.0**	**16.9**	**1**	**5.1**	**3.6**	**18.3**	**1**
低值	**2.1**	**1.3**	**4.2**	**1**	**2.2**	**1.3**	**4.1**	**1**	**2.0**	**1.2**	**3.1**	**1**	**1.6**	**1.3**	**4.2**	**1**	**2.1**	**1.4**	**4.1**	**1**	**2.0**	**1.3**	**4.0**	**1**
平均值	**3.8**	**3.4**	**9.3**	**1**	**3.6**	**3.1**	**8.4**	**1**	**3.5**	**2.6**	**6.8**	**1**	**2.6**	**2.7**	**7.9**	**1**	**3.0**	**2.3**	**7.8**	**1**	**3.2**	**2.6**	**8.2**	**1**

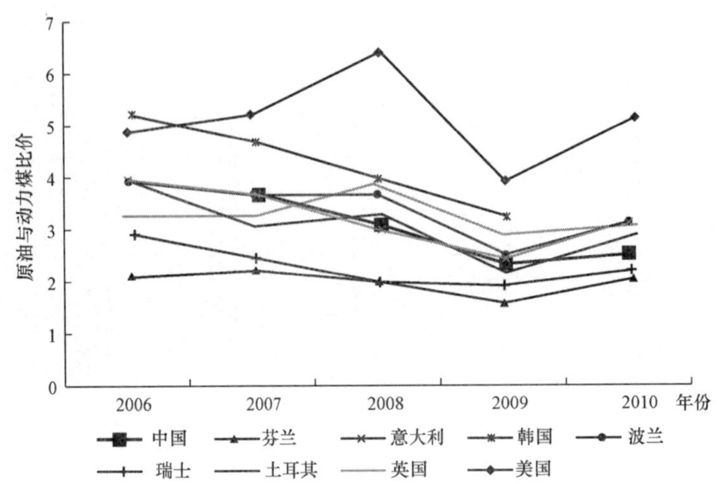

图 5-6 基于终端等效的国内外 2006—2010 年原油与动力煤比价走势

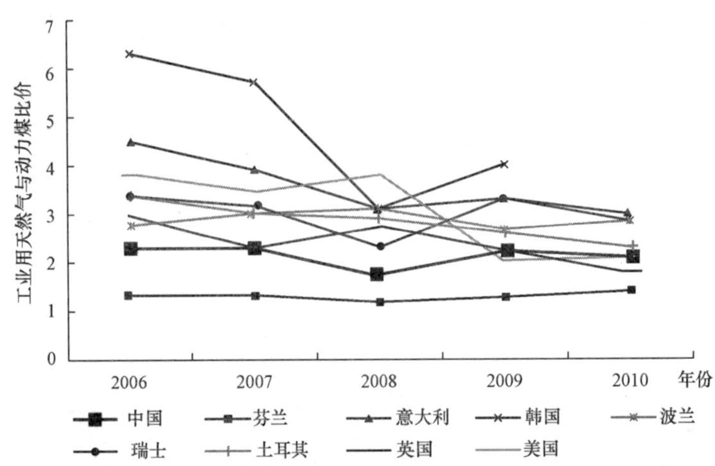

图 5-7 基于终端等效的国内外 2006—2010 年工业用天然气与动力煤比价走势

从表 5-7 可见，由于工业电力锅炉的热效率高于燃油、燃气和燃煤锅炉，所以**相对于热值比价法，基于终端等效的工业用能源比价中，工业电价相对于其他能源的比价有所上升，其他能源之间的比价则保持不变**。

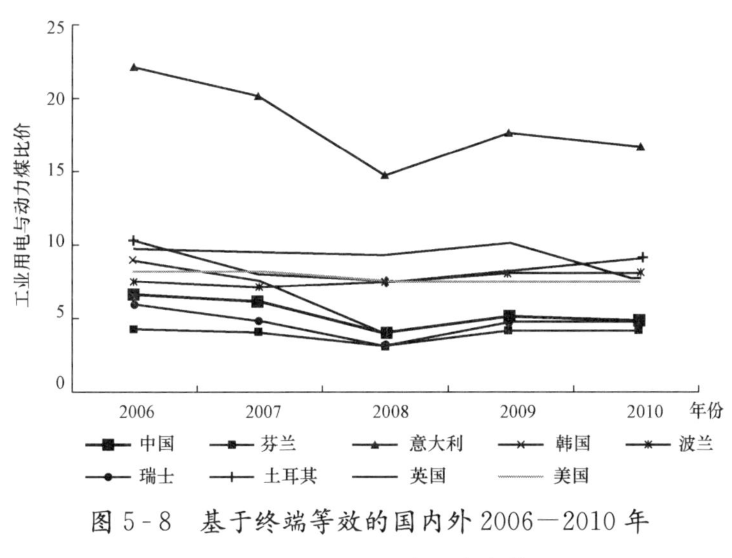

图 5-8 基于终端等效的国内外 2006—2010 年工业用电与动力煤比价走势

(3) 居民用能源比价分析。

基于终端等效的国内外 2006—2010 年居民业用能源比价总体情况如表 5-8 所示，国内外居民用天然气、居民用电与动力煤的比价走势分别如图 5-9 和图 5-10 所示。

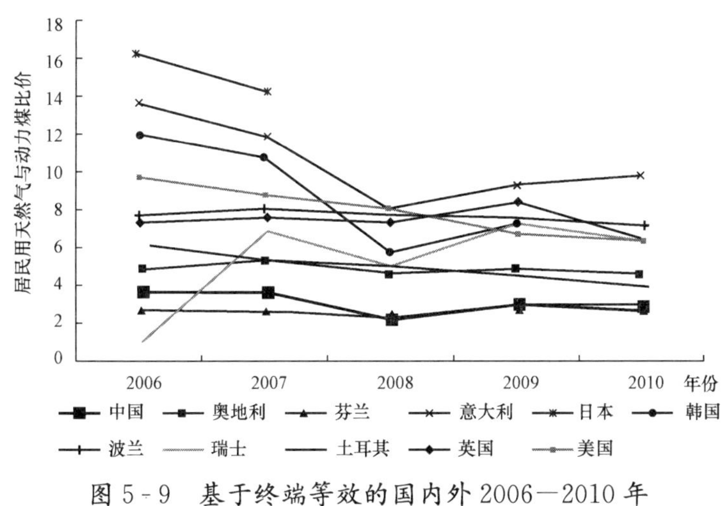

图 5-9 基于终端等效的国内外 2006—2010 年居民用天然气与动力煤比价走势

表 5-8　　基于终端等效的国内外 2006—2010 年居民用能源比价总体情况

国家	2006 年				2007 年				2008 年				2009 年				2010 年				平均值			
	油	气	电	煤	油	气	电	煤	油	气	电	煤	油	气	电	煤	油	气	电	煤	油	气	电	煤
中国	**4.5**	**2.9**	**9.4**	**1**	**4.2**	**2.7**	**8.7**	**1**	**3.6**	**1.8**	**5.6**	**1**	**2.7**	**2.3**	**6.9**	**1**	**3.0**	**2.2**	**6.0**	**1**	**3.6**	**2.4**	**7.3**	**1**
奥地利	2.1	3.9	12.8	1	2.1	4.2	14.1	1	2.4	3.7	13.8	1	1.5	3.9	14.0	1	2.0	3.6	1.5	1	2.0	3.9	11.2	1
芬兰	2.5	2.1	11.4	1	2.5	2.1	11.7	1	2.3	1.9	9.2	1	1.9	2.2	12.1	1	2.4	2.3	12.1	1	2.3	2.1	11.3	1
意大利	4.7	10.8	38.4	1	4.3	9.4	35.3	1	3.5	6.4	25.0	1	2.8	7.4	29.3	1	3.7	7.8	27.6	1	3.8	8.4	31.1	1
日本	4.3	12.9	27.3	1	4.2	11.4	24.0	1	3.6	—	16.4	1	2.4	0.0	20.0	1	3.3	—	21.5	1	3.6	8.1	21.9	1
韩国	6.1	9.5	21.5	1	5.5	8.6	18.1	1	4.6	4.6	9.5	1	3.8	5.6	10.9	1	0.0	0.0	0.0	1	5.0	7.1	15.0	1
波兰	4.6	6.1	21.6	1	4.3	6.4	20.8	1	4.3	6.3	19.1	1	3.0	5.9	18.2	1	3.7	5.6	19.1	1	4.0	6.1	19.8	1
瑞士	3.4	0.6	15.9	1	2.9	5.5	12.5	1	2.3	3.9	8.2	1	2.3	5.8	13.6	1	2.6	5.1	13.3	1	2.7	4.2	12.7	1
土耳其	4.7	4.7	18.5	1	3.6	4.1	14.1	1	3.8	3.9	14.4	1	2.6	3.7	15.9	1	3.4	3.1	17.8	1	3.6	3.9	16.2	1
英国	3.9	5.9	25.1	1	3.8	6.0	25.7	1	4.5	5.7	23.7	1	3.3	6.5	24.8	1	3.7	5.2	20.4	1	3.8	5.9	23.9	1
美国	5.7	7.8	22.6	1	6.1	7.0	21.9	1	7.4	6.4	19.9	1	4.5	5.4	20.0	1	5.9	5.1	20.3	1	5.9	6.3	20.9	1
高值	**6.1**	**12.9**	**38.4**	**1**	**6.1**	**11.4**	**35.3**	**1**	**7.4**	**6.4**	**25.0**	**1**	**4.5**	**7.4**	**29.3**	**1**	**5.9**	**7.8**	**27.6**	**1**	**5.9**	**8.4**	**31.1**	**1**
低值	**2.1**	**0.6**	**9.4**	**1**	**2.1**	**2.1**	**8.7**	**1**	**2.3**	**1.8**	**5.6**	**1**	**1.5**	**0.0**	**6.9**	**1**	**2.0**	**2.2**	**1.5**	**1**	**2.0**	**2.1**	**7.3**	**1**
平均值	**4.2**	**6.1**	**20.4**	**1**	**4.0**	**6.1**	**18.8**	**1**	**3.9**	**4.5**	**15.0**	**1**	**2.8**	**4.4**	**16.9**	**1**	**3.4**	**4.4**	**16.0**	**1**	**3.5**	**4.8**	**17.6**	**1**

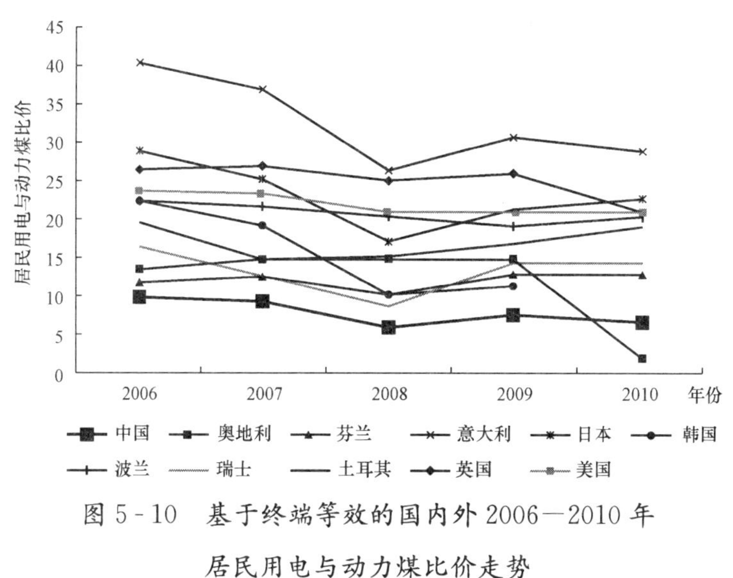

图 5-10 基于终端等效的国内外 2006—2010 年居民用电与动力煤比价走势

从表 5-8 可见，由于居民燃煤热水器的热效率远低于燃油、燃气和电力热水器，所以**相对于热值比价法，基于终端等效的居民用各类能源对煤炭的比价都有不同程度的上升，电力与煤炭的比价增长幅度最大**。

5.4 基于完全成本法的我国能源比价分析

鉴于目前数据的可获得性，这里计算仅考虑对电力和煤炭价格按 10%的权益合理回报率进行调整，并在此基础上计算比价。基于完全成本的我国 2006—2010 年能源比价如表 5-9 所示。

从表 5-9 可以看出，**基于完全成本对我国能源进行比价分析**，在其他条件相同的情况下，**油、气、电与煤的比价均有所上涨**。由于煤炭近年利润偏高，合理价格应适当下调，尽管油、气价格没有调整，但随着煤价的下调，油气相对煤炭价格的比价略有提高；而电力行业近年利润水平偏低，合理价格需要上调，电、煤相对比价上涨的幅度较大。

表 5-9 基于完全成本的我国 2006—2010 年能源比价

类别		2006 年				2007 年				2008 年				2009 年				2010 年				平均值			
		油	气	电	煤	油	气	电	煤	油	气	电	煤	油	气	电	煤	油	气	电	煤	油	气	电	煤
总能比价	等热值	4.0	2.4	6.5	1	3.8	2.4	6.2	1	3.4	1.8	4.6	1	2.5	2.3	5.6	1	2.7	2.2	4.9	1	3.3	2.2	5.6	1
	终端等效(按工业等效)	4.0	2.4	6.7	1	3.8	2.4	6.3	1	3.4	1.8	4.7	1	2.5	2.3	5.7	1	2.7	2.2	5.0	1	3.3	2.2	5.7	1
	终端等效(按居民等效)	5.8	3.5	11.3	1	5.5	3.5	10.6	1	4.9	2.6	8.0	1	3.6	3.4	9.6	1	3.9	3.2	8.4	1	4.7	3.2	9.6	1
工业用户比价	等热值	4.0	2.4	6.8	1	3.8	2.4	6.3	1	3.4	1.8	4.7	1	2.5	2.4	5.8	1	2.7	2.2	5.3	1	3.3	2.2	5.8	1
	终端等效	4.0	2.4	6.9	1	3.8	2.4	6.5	1	3.4	1.8	4.8	1	2.5	2.4	5.9	1	2.7	2.2	5.4	1	3.3	2.2	5.9	1
居民用户比价	等热值	4.0	2.5	6.0	1	3.8	2.4	5.6	1	3.4	1.7	4.2	1	2.5	2.2	4.9	1	2.7	2.0	4.1	1	3.3	2.1	5.0	1
	终端等效	5.8	3.7	10.4	1	5.5	3.5	9.7	1	4.9	2.4	7.2	1	3.6	3.1	8.5	1	3.9	2.8	7.1	1	4.7	3.1	8.6	1

5.5 合理比价分析

从以上比价分析来看，国际能源比价能基本反映市场供求关系、资源稀缺程度和环境治理成本，而基于终端用能等效的比价也具有较强的可参考性，综合考虑，建议我国能源合理比价范围如表 5 - 10 所示。

表 5 - 10 我国能源合理比价取值建议

类 别	油	气	电	煤
总能	4.7～5.1	3.2～4.1	9.6～10.9	1
工业用户	4.7～5.1	2.2～2.8	5.9～8.0	1
居民用户	4.7～5.1	4.4～6.4	10.6～18.3	1

附录1 各国家（地区）货币单位及汇率

国家（地区）	货币单位	2006年	2007年	2008年	2009年	2010年
澳大利亚	澳元	1.328	1.195	1.198	1.282	1.09
奥地利	欧元	0.797	0.73	0.684	0.72	0.755
比利时	欧元	0.797	0.73	0.684	0.72	0.755
加拿大	加元	1.134	1.074	1.068	1.141	1.03
智利	比索	530.28	522.47	523.54	558.94	509.98
捷克	捷克克朗	22.585	20.289	17.078	19.050	19.080
丹麦	丹麦克朗	5.943	5.443	5.099	5.359	5.622
爱沙尼亚	欧元	0.797	0.731	0.684	0.72	0.755
芬兰	欧元	0.797	0.73	0.684	0.72	0.755
法国	欧元	0.797	0.73	0.684	0.72	0.755
德国	欧元	0.797	0.73	0.684	0.72	0.755
希腊	德拉马克	0.797	0.73	0.684	0.72	0.755
匈牙利	福林	210.4	183.6	172.5	202.1	207.8
爱尔兰	欧元	0.797	0.73	0.684	0.72	0.755
以色列	谢克尔	4.457	4.108	3.585	3.927	3.731
意大利	欧元	0.797	0.73	0.684	0.72	0.755
日本	日元	116.35	117.76	103.39	93.57	87.76
韩国	韩元	952	929	1101	1275	1155
卢森堡	欧元	0.797	0.73	0.684	0.72	0.755
墨西哥	墨西哥比索	10.903	10.929	11.153	13.504	12.632
荷兰	欧元	0.797	0.73	0.684	0.72	0.755
新西兰	新西兰元	1.542	1.361	1.426	1.6	1.388

续表

国家（地区）	货币单位	2006 年	2007 年	2008 年	2009 年	2010 年
挪威	挪威克朗	6.415	5.858	5.648	6.29	6.045
波兰	兹罗提	3.104	2.765	2.41	3.119	3.015
葡萄牙	欧元	0.797	0.73	0.684	0.72	0.755
斯洛伐克	斯洛伐克克朗	0.984	0.819	0.709	0.72	0.755
斯洛文尼亚	欧元	0.797	0.731	0.684	0.72	0.755
西班牙	欧元	0.797	0.73	0.684	0.72	0.755
瑞典	瑞典克朗	7.373	6.758	6.597	7.653	7.202
瑞士	瑞士法郎	1.253	1.2	1.084	1.086	1.043
土耳其	土耳其镑	1.43	1.3	1.299	1.547	1.499
英国	英镑	0.543	0.5	0.546	0.641	0.648
美国	美元	1	1	1	1	1
保加利亚	列弗	1.563	1.43	1.337	1.41	1.49
中国	人民币元	7.973	7.61	6.95	6.83	6.807
中国台湾	新台币元	32.53	32.84	31.52	33.05	31.67
克罗地亚	库纳	5.84	5.36	4.935	5.28	5.525
塞浦路斯	欧元	0.785	0.732	0.684	0.72	0.754
加纳	塞地	0.916	0.935	1.058	1.409	1.431
印度	卢比	45.31	41.35	43.51	48.41	46.01
印度尼西亚	盾	9159	9141	9699	10 390	9149
哈萨克斯坦	坚戈	126.1	122.6	120.3	147.5	147.3
拉脱维亚	拉特	0.561	0.51	0.481	0.51	0.535
立陶宛	立特	2.753	2.52	2.357	2.48	2.628
马耳他	欧元	0.795	0.736	0.684	0.72	0.754
罗马尼亚	列伊	2.81	2.44	2.519	3.05	3.186
俄罗斯	卢布	27.19	25.58	24.85	31.74	30.25
新加坡	新元	1.59	1.51	1.415	1.45	1.384
南非	兰特	6.77	7.05	8.26	8.47	7.458
泰国	铢	37.88	34.52	33.31	34.29	32.26

附录 2　计量单位中英文对照

英文单位	中文单位	英文单位	中文单位
d	天	mcf	千立方英尺
t	吨	kcal	千卡
L	升	kW	千瓦
m^3	立方米	kW•h	千瓦时
MBtu	百万英热单位	kvar	千乏

附录3 核燃料价格

核燃料的制备，包括铀矿的开采、铀矿石的加工精制（铀矿石经过精选，送到前处理厂制成八氧化三铀）、铀的转化（八氧化三铀进行还原、氢氟化和氟化转变为六氟化铀）、铀的浓缩（将六氟化铀中的铀235含量浓缩至3%左右）和燃料元件制造（六氟化铀转化为二氧化铀，制成含铀235约3%的低浓铀燃料元件）等过程。

核燃料（1kg二氧化铀燃料元件）的价格构成，根据其制备工序包括附表3-1所列的几项。

附表3-1 核燃料价格 美元

项目	价格	项目	价格
八氧化三铀	1299	燃料元件制造	240
转化	98		
浓缩	1132	合计	2769

资料来源：http：//www.world-nuclear.org。

2003—2012年，八氧化三铀的价格走势如附图3-1所示。

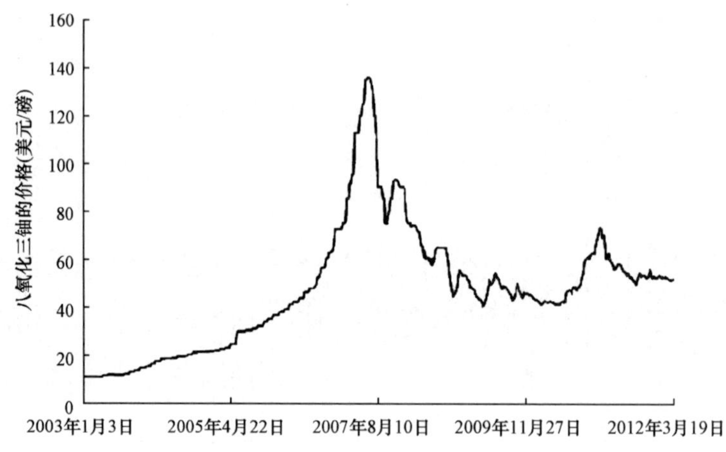

附图 3-1 八氧化三铀的价格走势

资料来源：David E. Economics of the Nuclear Fuel Cycle. IChemE "Nuclear fuel cycle conference"，23-25 April 2012，Manchester UK。

参 考 文 献

[1] 英国石油公司 . BP Statistical Review of World Energy（2010），http：//www. bp. com/.

[2] 美国能源部能源信息局网站：http：//www. eia. doe. gov/.

[3] IEA. ENERGY PRICE&TAXES 2nd Quarter. 2010.

[4]《中国物价年鉴》编辑部，中国物价年鉴，2006—2009.

[5] 中国煤炭市场网：http：//www. cctd. com. cn/.

[6] 中国工业煤炭协会网站：http：//www. coal-china. org. cn/.

[7] 美国中央情报局网站：http：//www. cia. gov/.

[8] 韩国电力公司网站：Statistics of Electric Power in Korea（2011）. http：//www. kepco. co. kr.

[9] 国家电力监管委员会 . 2010 年度电价执行及电费结算监管报告 . 2010.

[10] Comparative electrical generation costs，SourceWatch.

[11] The Costs of Generating Costs，The Royal Academy of Engineering.

[12] Fossil Fuel Electricity Generating Costs，East Harbour Management Services.

[13] Analysis of Tariffs Criteria and Differentiation in the ERRA Countries.

[14] The Economics of Nuclear Power，http：//www. world-nuclear. org/.

[15] 巴西电力管制委员会网站：http：//www. aneel. gov. br.

[16] 墨西哥能源部网站：http：//www. sener. gob. com.

[17] 美国 PG&E 公司网站：http：//www. pge. com.

[18] 澳大利亚网站：http：//www. nemmco. com. au.

[19] 国网能源研究院 . 国际能源与电力价格分析报告（2010）. 2010.

[20] 国网能源研究院 . 国际能源与电力价格分析报告（2011）. 2011.

[21] The Economics of Nuclear Power，www. world-nuclear. org/.

[22] Commission for Energy Regulation. Factsheet：Electricity Prices in Ireland.

[23] Energy Community Regulatory Board. Electricity Prices and Tariffs in the Energy Community，2008—2009.

[24] Toby Stevenson & Ren é Le Prou. International and domestic electricity tariffs and tariff structures DRAFT，May 2008.

[25] Electricity Tariffs and Transmission Pricing，2002.

[26] 世界核能网站：http：//www. world-nuclear. org.

[27] David E. Economics of the Nuclear Fuel Cycle. IChemE "Nuclear fuel cycle conference"，23—25 April 2012，Manchester UK.